孩子要入园，你准备好了吗？

刘晓娜 ———— 著

清华大学出版社

北京

图书在版编目（CIP）数据

孩子要入园，你准备好了吗？/ 刘晓娜著 . — 北京：清华大学出版社，2023.8
ISBN 978-7-302-64042-4

Ⅰ.①孩⋯　Ⅱ.①刘⋯　Ⅲ.①学前教育－教学参考资料　Ⅳ.① G613

中国国家版本馆 CIP 数据核字 (2023) 第 128115 号

责任编辑：宋冬雪
封面设计：艺海鑫
责任校对：王凤芝
责任印制：丛怀宇

出版发行：清华大学出版社
　　　　　　网　　　址：http://www.tup.com.cn，http://www.wqbook.com
　　　　　　地　　　址：北京清华大学学研大厦 A 座　　　邮　　编：100084
　　　　　　社 总 机：010-83470000　　　　　　　　邮　　购：010-62786544
　　　　　　投稿与读者服务：010-62776969，c-service@tup.tsinghua.edu.cn
　　　　　　质 量 反 馈：010-62772015，zhiliang@tup.tsinghua.edu.cn
印 装 者：大厂回族自治县彩虹印刷有限公司
经　　销：全国新华书店
开　　本：148mm×210mm　　　　印　　张：8.25　　　字　　数：162 千字
版　　次：2023 年 9 月第 1 版　　　印　　次：2023 年 9 月第 1 次印刷
定　　价：59.00 元

产品编号：102176-01

自 序

光阴似箭，这本书第一次出版是在 2014 年春天，一转眼近十年过去了。时光改变的不仅仅是我的年龄，其间中国的学前教育也在不断改革，教育课题发生了很大变化。选择将这本书再次出版，原因有二：一是根据目前最新的教育课题，对初版的部分内容进行了修改和增减，同时内容编排也进行了较大的调整，以确保更好地帮助家长朋友解决实际问题；二是这十年间，我陆续收到一些反馈，也想借再版的机会做个分享。

随着科技的进步，当下新手父母学习的渠道越发多样化，但与此同时，这些信息也鱼龙混杂、参差不齐，看上去选择更多，实际上怕选错、不会分辨反而让父母们更加焦虑。这本书的内容经过近十年时间的验证，帮助很多小朋友顺利度过了幼儿园三年，曾被反馈为最接地气的实操手册。相信这次再版，一定可以帮到更多准备入园和刚刚入园的宝贝和他们的家长们，解决新手父母的困扰。

最后还是那句话——光有爱，还不够。下面附上这本书初版的自序：

我们常说，孩子入园后有一段时间是心理上的"断奶期"，少则一周、多则一个月的哭闹和不安是再正常不过的事了。其实，对于家长来说，又何尝不是"断奶期"？很多时候，躲在幼儿园的角落里偷偷流泪的家长，比坐在活动室里哭鼻子的小朋友还要多。究竟是孩子适应不了新环境，还是家长适应不了呢？

我很理解初为人父母心疼孩子的心情，我也曾看着自己心爱的宝贝一个人走进幼儿园，哭得撕心裂肺。相信那一刻，每位家长的内心都动摇过，想冲过去抱起孩子，帮他擦干眼泪，甚至抱回家，等他长大一点再入园，哪怕只是一闪念。可是亲爱的家长朋友，您知道作为老师的我，每次看到在大门外流泪张望、迟迟不肯离开的您，心里的感受吗？

父母与孩子分别的动人场面都深深地刻在我心里，时刻提醒着我：这群小天使第一次离开爸爸妈妈，作为老师，只有我们能给他们安全感，也只有我们能让不安的家长放心。相信每一位幼儿园老师都是这样的心情。然而，当老师付出全部爱和不懈的努力之后，亲爱的家长朋友，您是不是真的放心呢？

在工作当中，我发现有的家长只喜欢听老师对孩子的表扬，孩子得了小红花就笑容满面，向别人夸耀自己家孩子如何聪明乖巧、如何讨老师喜欢，收集完满满的称赞才肯回家。一旦孩子犯了错误被批评则愁眉不展，不愿与老师多交流。有了家长朋友盼喜畏忧的心理，就有了老师们报喜不报忧的现状。

不知道您是否收到过孩子带回的《家园联系手册》？这是否会让您想起我们小时候的"家长通知书"，上面经常写着"该生品学兼优，热爱劳动，动手能力强，是同学们学习的榜样"等。我翻阅了成百上千份《家园联系手册》，发现大多是以报喜为主，尽量表扬孩子的优点和进步，真正直面孩子不足的寥寥无几。老师们会用尽可能委婉的语言表达，以减少家长的不满。

比如，某某小朋友性格内向，经常被欺负却不敢告诉老师，只会一个人躲起来偷偷哭。但写在联系手册上可能是这样的：某某是一位非常文静的小朋友，偶尔和同伴发生冲突时，懂得宽容和理解，能用自己的方式处理矛盾，老师和小朋友都很喜欢她。

亲爱的家长朋友，如果您收到这样一段文字，能看得出言外之意吗？孩子在幼儿园被欺负，是作为父母最担心的事情，家长希望了解孩子的真实情况，却又不能理性地看待问题。很多父母得知孩子被欺负，第一反应就是质问老师，要求对方家长道歉，更甚者直接就去投诉，对老师的工作完全不信任、不满意。

这样的投诉发生一次、两次、三次、多次后，老师们自然学会委婉，尤其针对不能理性看待问题的家长，会更加谨言慎行，报喜不报忧了。

幼儿园三年，是孩子们一生中极为重要的一个时期，这样的机会有且只有一次。为了让家长认可，老师报喜不报忧，长大后谁来让社会认可孩子？我们只是普普通通的幼儿园老师，但我们正在塑造和影响孩子的未来，有责任也有义务对他们负责，只有这样，才是给家长最好的交代。

这本书中讲述的每一个案例，都是出于教师的责任和对孩子们的爱，我将直面问题不回避，态度诚恳、坦率。虽然有可能不被理解，但我相信每一位真心希望孩子好的父母都不会拒绝真实。

相信在这本书里，您会找到一些似曾相识的场景和感受。如果您的孩子也出现过类似某位小主人公的情况，请重新观察您的宝贝，了解宝贝真实的行为，分析宝贝行为背后真正的原因，并做出相应改变，这会让孩子们一生受益的。

刘晓娜

2023 年 4 月

目 录

1. **入园前做这些，孩子能更快适应幼儿园**

2. **吃饭喝水穿衣，都是大问题**

③. 所有"问题行为"都不是问题

4. 如何说，孩子才会听

5. 孩子的心思，这么猜

6 引导孩子养成好习惯

1.

入园前做这些，孩子能更快适应幼儿园

孩子上幼儿园，父母一定要有所准备。该做哪些准备？

怎么准备？小刘老师——告诉你。

第 1 封信

重点培养孩子的几种自理能力

晴晴妈妈：

　　您好。

　　非常高兴晴晴加入我们这个小集体，相信她在这里一定能快快乐乐地度过三年美好的时光。现在晴晴刚入园没几天，还不是很适应，每天都会出现这样那样的问题，让您很担忧。没关系，这是正常的分离焦虑，等晴晴适应了幼儿园生活，各方面自然就会有好转。

　　您一定很关心怎样缩短孩子的分离焦虑期吧？每位父母都希望自己的宝贝能尽快适应幼儿园的生活，我自己也一样。现实情况是，有的孩子进幼儿园第二天就适应了，而有的孩子一个星期甚至一个月、几个月都适应不了，其中一个原因就是，孩子入园前的准备工作没做好。

就晴晴来说，不妨回顾一下她这几天出现的问题吧。

1. 午睡时不会脱、穿衣服，又不敢找老师帮忙，好几次都把纽扣掰坏了，一个人坐在床上哭鼻子。放学后妈妈来接的时候还闷闷不乐，好像受了很大的委屈。

2. 上厕所不会提裤子，几乎每天您都会接到送换洗裤子的电话，然后慌慌张张地送裤子来，或者直接在晴晴的书包里装上两条备用裤子。麻烦是小事，偶尔晴晴尿裤子没被发现，穿着尿湿的裤子活动一天就让人担心了。

3. 下午接回家晴晴总要再饱餐一顿，似乎在幼儿园没吃饱一样。晴晴自己不会用餐具，等老师忙完了再来喂她几口，饭菜都凉了。

4. 不会用幼儿园的水杯，她的小手控制不好杯子，总是没等喝到嘴里，水就洒了出来，胸前经常湿湿的。

以上应该是晴晴这几天出现最多的问题。由于晴晴缺乏生活自理能力，又不善于表达，各种生活上的小麻烦自然就多了。

您可能会说，晴晴还小，又刚上幼儿园，不会做这些事是很正常的。但我想告诉您，很多孩子刚上托班就能自己吃饭了，虽然也不会穿脱裤子，但多数都会找老师帮忙，这是最起码的自理能力。晴晴比托班的孩子大，她完全有能力照顾自己。

身为父母，保护孩子是天性，但小朋友基本从 2 岁左右就已经有自己动手的欲望了，他们希望能做妈妈的小帮手，我们作为父母尽量不要因为担心孩子的安全就处处回避，什么都替孩子去做。

上了幼儿园之后，一个班上一般有二三十个孩子，老师是没办法像在家一样对每个孩子都事无巨细悉心照顾的。晴晴不会自己脱、穿衣服，不能独立上厕所，不愿自己吃饭，遇到很多生活上的小问题，也影响了情绪，所以也就不舍得让妈妈走，不爱上幼儿园了。

小朋友的自理能力并不都是在幼儿园里学的，为了缩短孩子的适应期，我们最好在孩子入园前就着手锻炼他们的各项能力，以让孩子更快地适应集体生活。只有先适应环境，才谈得上接受知识和情感上的教育，培养更多好的生活和学习习惯。

不过，您也不用太担心，解决这个问题并不太难。以下几件事需要家长的配合，相信您一定会抽出更多的时间陪晴晴改变的。

1. 锻炼晴晴穿、脱衣服的能力，不要为了赶时间或避免麻烦而去帮她。如果晴晴不愿意自己穿，可以准备几首穿、脱衣服的小儿歌，用说唱和游戏的方式吸引她，让她觉得自己穿衣服是件快乐的事。比如，把穿衣服当作小火车过山洞，假装小火车开过来，发出呜呜的响声，让晴晴把小火车（胳膊）开进山洞（袖子）去。这样的游戏她会觉得很有趣，穿衣服也变得简单了。

2. 锻炼晴晴自己吃饭的能力，不用担心她会撒得满地都是。掉饭粒是难免的，我经常看到很多孩子掉的比吃的还多，但这是个必经的过程，我们可以一边鼓励小家伙自己吃，一边和她探讨不掉饭粒的方法，经过一段时间练习，晴晴自己吃饭就会没有问题了。

3. 平时上厕所不要提前帮她脱好裤子，尽量鼓励她自己动手。一次、两次没脱好不要紧，带她找到原因和改进的办法，几次尝试之后就会熟练了。适当地让孩子尝到失败的滋味，更能激发她成功的决心。

4. 不要因为方便、省心，就让晴晴一直使用小水壶。平时多锻炼她用水杯喝水，洒几次没关系，重要的是和她一起总结经验，找到不洒水的方法。与幼儿园的生活方式保持一致，更有助于晴晴适应幼儿园的生活。

5. 要鼓励晴晴勇敢表达，寻求老师和小朋友的帮助。每个人都有做不到的事，请别人帮忙并不丢脸，告诉晴晴老师和妈妈一样，都很愿意帮助她。老师了解了她的想法，问题才会少一点。

　　虽然这是入园前的准备工作之一，但现在开始锻炼并不晚，我相信您，也相信晴晴一定会很快适应幼儿园集体生活的。加油，晴晴妈妈！

　　　　　　　　　　　　　　　　相信晴晴的小刘老师

第 2 封信

培养孩子适应环境的能力

乐乐妈妈：

您好。

相信您还记得，乐乐刚上幼儿园的时候适应得很慢，过了整整一个月才停止哭闹。当时您都急坏了，孩子在班里哭，您躲在门口哭。马上乐乐的弟弟昕昕也要上幼儿园了，我想跟您聊聊入园前准备的问题，尽量避免昕昕也像乐乐一样哭闹。

从乐乐身上总结原因，您应该可以意识到的，入园前的准备工作对孩子适应幼儿园生活起着非常关键的作用。

还记得乐乐刚上幼儿园的时候，您没有提前带他来参观，报名当天就让乐乐正式进班了。很关键的入园第一天，乐乐的经历是这样的——

户外活动时间，乐乐穿了一双小皮鞋，看样子很不适合运动。

刚跑了几步就停下来拉着您的手，不想和小朋友一起玩了。穿的鞋子不舒服，对孩子在幼儿园的活动自然有影响。

午餐时间，乐乐不会自己吃饭。当老师要求他尽量自己吃时，他就委屈地看着您，饭菜都快凉了也没吃一口，最后还是让您亲自喂才吃的。他没有独立进餐的习惯，而幼儿园老师是基本没有时间给每个孩子喂饭的。

午睡时间，天气有些热，乐乐没有带小毛毯，盖被子又会出汗，这让小家伙睡得很不舒服，无奈之下，您只能带他回家午睡过后再送回园。带的物品考虑不周全，也会出现各种状况。

区角游戏时间，乐乐和其他小朋友发生了争执，他被欺负了，哭得很伤心。当老师过去安慰他，想问清楚事情经过时，乐乐却支支吾吾地说不清楚，只是不停地抹眼泪。他的语言表达能力不是很好，也没有"有事找老师"的意识。

一天下来，乐乐太不喜欢幼儿园了，第二天哭闹得很厉害，说什么都不进大门，足足用了一个月的时间才适应过来。您说入园前的准备是不是很重要呢？总结起来也没有多复杂，主要是以下几个方面吧。

首先是心理上的准备。

1. 平时您可以多和昕昕聊聊幼儿园的事。这方面昕昕比较占优势，因为他有个正在上幼儿园的哥哥。建议您这段时间接乐乐的时候带上昕昕，让他和哥哥一起在幼儿园里玩玩，同时多引导乐乐讲一些幼儿园里有趣的事情给昕昕听，这样对他熟悉幼儿园生活会有很大的帮助。

2. 带昕昕去幼儿园的路上，要让他清楚地知道：哥哥放学了，我们必须去接他回家，爸爸妈妈都很想念哥哥。如果昕昕上幼儿园了，妈妈也会来接，也会非常非常想念昕昕。他每天跟您一起接哥哥放学，明白妈妈接回自己的孩子是任何事都不可阻挡的。到他上幼儿园的时候，就不会怀疑妈妈不要他了，他相信妈妈会来接他的心是坚定的，就像妈妈每天接哥哥一样。

其次是语言交流上的准备。

没有人比父母更了解自己的孩子，很多时候小家伙的想法还没说出来，大人就已经知道他要干什么了。但上幼儿园以后，老师在短时间内肯定达不到与孩子这样的默契程度。孩子的想法只有说出来，老师才会明白。这就要求小朋友学会表达，渴了、困了、想上厕所了、东西找不到了，都需要清楚地告诉老师，才能得到准确的帮助。您说对吧？

平时在家需要多跟他交流，即使知道他的想法也要鼓励他自己完整地表达出来。这样到幼儿园遇到问题他才能准确地告诉老师。咱们大人在和孩子交流的时候，尽量也说完整的话，养成习惯。

再次是生活自理能力的准备。

孩子的语言表达能力再好，老师也不可能事事都帮着他做。最起码的穿脱衣服、上完厕所提裤子、自己喝水、吃饭等，小家伙还是要能自己做的。

乐乐的生活自理能力很强，回到家您可以鼓励昕昕向哥哥学习，或者让两兄弟比赛。例如早晨穿衣服的时候，比一比大宝和二宝谁穿得最好，适当奖励。您是不是想问："刚开始昕昕肯定不愿意自己穿，也没有比赛的意识，该怎么办呢？"其实不难，可以把爸爸和乐乐都召集起来，表演一场戏给昕昕看：一家三口做穿衣服的游戏，尽量做得有趣。相信昕昕在一旁躺不了多久，一定非常羡慕，迫不及待想要加入，看看穿衣服到底有什么好玩的。

教孩子就是一个玩游戏的过程，让他感受到快乐，自然就会在玩中学。

最后是物品方面的准备。

可别认为小孩子入园没什么需要带的。乐乐之前不是出现过很多问题吗？分不清哪个是自己的杯子，穿错其他小朋友的衣服，裤子尿湿了还不肯穿幼儿园的备用裤，这就是物品没准备充分导致的。

刚上幼儿园的孩子需要做以下准备：

1. 准备好照片，用于贴在杯架和小床上，这样容易区分自己的杯子和床。

2. 在衣服上绣名字或贴名字条，避免小朋友间相似的衣服穿错。

3. 书包内放一两套备用衣裤。

4. 带一个喜欢的玩具。昕昕刚上幼儿园可能会有些不适应，抱着熟悉的玩具会更有安全感。

另外，还有一些小的注意事项，比如，不向幼儿园隐瞒孩子的病史，给老师留两个以上的联系方式，接送人发生改变时亲自打电话确认，刚入园尽量早接尤其是已经答应孩子的时候，等等。这都需要您多留心，多和老师沟通，充分做好准备工作，相信昕昕会比乐乐适应得更快。昕昕，加油！

期待昕昕入园的小刘老师

第 3 封信

让孩子学会自己吃饭

萌萌妈妈：

您好。

不知您有没有注意过，您每次送萌萌上幼儿园，都会问她一句话："萌萌，你是自己吃还是妈妈喂你吃?"萌萌的表情总是很复杂，她想让妈妈喂，又想在老师面前表现好。其实，她不想让小朋友说她"羞羞羞，上幼儿园了还让妈妈喂"，而是希望老师夸她长大了，是个可以独立吃饭的好孩子。

我想说，当听到萌萌那句"我自己吃"时，您应该感到欣慰，而不是满脸担忧和半信半疑。不信任的表情只会让萌萌觉得，她没有能力自己吃饭，她需要妈妈喂。

上次碰巧看到您在小区楼下喂萌萌吃饭，萌萌的小手试图接过勺子，想尝试一下自己吃，但您总会阻止她："别捣乱，饭都快凉了!""乖乖张嘴,不然妈妈走了!""你还小呢,不会用勺子!""你吃不吃?不吃喂乐乐(小狗)了!"您是怕她自己吃得慢吗,还是怕她把饭菜掉得满地都是?萌萌"乖乖地"张开嘴巴,等着饭菜一口一口被送进嘴里。一会儿,您就笑容满面,大功告成了。

不出所料,第二天到幼儿园萌萌又不肯自己吃饭,一直吵着让妈妈喂她吃。您知道,幼儿园每个班的孩子很多,老师不可能一个一个喂饭。

类似这样的情况很多,萌萌总是盯着碗里的饭菜,偶尔看一眼老师,似乎在等老师过来喂她,而这种等待那么理所当然。小朋友们都吃完去盥洗室了,萌萌还在盯着碗里的饭菜和进进出出的老师们。通常,午睡之前是老师最忙的时候,当老师终于忙完可以喂她的时候,饭菜都凉了,这种情况下萌萌会选择不吃,但只要厨房还有热的,我都会单独给她换一碗。这样的特殊照顾不仅耽误老师的工作,对萌萌正常进餐也没有任何益处。

我想,您听了肯定会很心疼,作为妈妈,没有人比您更心疼自己的宝贝。而萌萌这个不好的习惯,与日常的养育方式有很大关系。

孩子从托班开始,就已经具备了独立用餐的能力。萌萌已经4岁了,她完全可以自己吃得很好。喂饭不仅会扼杀她独立进餐的成就感,同时还会阻碍她本该有的能力的发挥,得不偿失。

萌萌的问题并不在于她不能自己吃饭,而是她认为,吃饭就应该妈妈喂,不喂就不能吃。

除此之外，我还发现您每次都会仔细地观察幼儿园的饭菜。我注意到萌萌一直盯着您，她不明白这些饭菜怎么了，妈妈要如此小心。

有一次萌萌不吃豆角炒肉，但我清楚地记得，她之前吃过这道菜，而且很喜欢。为什么突然一口都不吃了呢？我们换了两位老师喂她，最后她还是紧闭嘴巴一口都没动。之后我单独找她聊，萌萌告诉我她之所以不想吃，是因为豆角太长了，小孩子吃不了。我猛然想起您送萌萌来的时候有些晚，刚好赶上吃饭时间，临走前您盯着桌上的饭菜，表情凝重，自言自语地说了一句："这豆角切得有点长吧，他们这么小能吃吗？"

也许就是您皱起的眉头和一句语气充满疑惑的话，让萌萌认为豆角切得太长了，小孩子不能吃。您可能认为自己只是随便说了一句，那么小的孩子听不懂的。不，不要小看孩子的智商，她比我们想的要聪明很多。话也许听不懂，但孩子完全能通过妈妈的表情判断这道菜是不是好吃。

为了让萌萌以后能独立进餐，第一个要改变的就是您和萌萌爸爸。下面我给您几条建议，相信您跟萌萌爸爸会为了萌萌而尝试改变的。

1. 要绝对相信幼儿园，相信自己的孩子。把那句"你自己吃还是妈妈喂你吃"换成"萌萌一定能第一名吃完，妈妈相信你"，这句话会像一个神奇的魔咒，原本必须妈妈喂饭的小家伙瞬间变得信心十足，她一定第一个吃完，因为妈妈相信她。

2. 不要再当着孩子的面表现出来对幼儿园饭菜的担心。告诉她："今天幼儿园的饭真香，吃完一定能长爸爸那么高！""哇，好美味的菜肴，都是萌萌最喜欢吃的。"妈妈喜悦的表情会让碗里的饭菜瞬间变得很香，同样是豆角炒肉，可以是"太长了小孩子吃不了"，也可以是"好美味的菜肴，都是萌萌最喜欢吃的"。

3. 相信表扬的力量。接萌萌放学的时候可以问一下她当天的饮食情况，老师给予的回馈如果是好的，尽量让孩子知道。小家伙都喜欢老师告诉妈妈自己很棒，及时的鼓励会让孩子越来越积极哦。

相信萌萌会独立进餐的小刘老师

第 4 封信

教会孩子积极乐观看待未知世界

西西妈妈：

您好。

我想您已经猜到了，西西今天又哭了一上午。她已经连续半个月在幼儿园哭了，您应该比谁都心疼。为了搞清楚西西为什么"无缘无故"地哭，我和另一位老师分头观察和研讨了一周，现在把结论跟您分享一下，希望能帮助西西尽早找回阳光灿烂的笑容。

我了解到您和西西爸爸平时工作都很忙，极少有时间陪伴西西。和很多妈妈一样，您无时无刻不在牵挂着孩子，担心她吃不饱穿不暖，担心她被小朋友欺负，担心她有没有摔着，会不会碰着，每次与西西分开之前总要千叮咛万嘱咐一番：

"过马路一定得拉着奶奶的手，不然车会撞到你的。"

"逛超市不要乱跑，小心坏人把你抓走。"

"如果有别的小朋友打你，记得要告诉老师。"

"把你的玩具装好，别让小朋友抢走了。"

……

和老一辈人不同，年轻一代很少有全职妈妈。职场妈妈们每天忙事业，忙着赚钱，陪孩子的时间少之又少。说到这个您一定很有同感吧？所以，作为妈妈，您只能一遍一遍不停地叮嘱孩子，好像孩子随时都会发生意外一样。

我很理解您对孩子的担心，但是您想过西西会不会因此就认为"世界处处都是危险的"呢？您的叮嘱本来是为了孩子的安全，却也有可能成为一种消极暗示，让孩子看到陌生人就怕被抓走，到了陌生地方就怕有危险，找不到依靠便开始大哭。

西西在幼儿园从不和新来的小朋友玩，别的小朋友靠近一点儿她就会本能地让他们走开。很多时候她都是自己独占一张桌子，不让任何人坐她旁边，否则就会大哭不止。幼儿园的每位老师都知道小二班有个爱哭的西西。

这种情况和父母平时的教育密切相关，不当的引导方式会让孩子对世界产生消极的认识，可能您现在还没有意识到。

和西西同班的杨轩小朋友也特别爱哭，班里来个新老师上观摩课，她见了就躲起来，边哭边说害怕那位老师。什么原因您一定猜得到吧？杨轩以前很喜欢结交新伙伴，可妈妈总是怕她有危险，经常这样嘱咐她："别走远了，妈妈不去找你啊！""你认识人家吗就跟人家走了？""坏人来了，赶紧到妈妈这边来！"渐渐地，杨轩不再接近陌生人，遇到妈妈的同事也不肯叫阿姨，只是哭闹着让妈妈赶紧回家。

在确保孩子人身安全的前提下，爸爸、妈妈应尊重小孩爱玩的天性，激发他们的求知欲和探索欲，鼓励他们大胆接触外界和自然，让他们身心全面发展。

所以，西西妈妈，是时候改变一下教育方法了，这并不难，您只需要注意一下和孩子交谈的方式就可以。如果您觉得无从下手，接下来我会给您几条建议，坚持下去，相信很快就会看到效果。

1. 告诉孩子，幼儿园不是危险的地方，不会有小朋友欺负她。尽量讲一些幼儿园有趣的地方，让西西对幼儿园产生向往，就跟向往游乐场一样。

2. 在孩子面前尽量不要表现得过于担心，不要让孩子觉得世界很危险。比如，孩子刚要趴在水池边看金鱼游来游去，有的家长马上变得神色紧张，大步跑过去把孩子抱走，边抱边说："宝贝儿，以后不要到水池边玩，会掉进去的！"有的孩子可能会因此再也不敢到水池边看金鱼，这样孩子的人身安全是得到了保障，却失去了探索世界的欲望。在保证孩子安全的前提下，我们作为家长要多鼓励孩子去探索外面的世界。

3. 多带孩子到新的地方，接触陌生人，并鼓励孩子勇敢加入（鼓励，但是不强求）。有的家长为了培养孩子的社交能力，会强迫孩子和陌生人打招呼，比如作自我介绍，当孩子因各种原因没有表现得很好时，家长张口就是一句："连自己叫什么都不敢说，叔叔阿姨们都不喜欢这样的小朋友！"这会大大影响孩子今后大胆与人交流的勇气。

4. 用积极乐观的语言给孩子介绍世界上的人和事，让孩子觉得世界是美好的，人是友爱的（"坏人""被抓走""丢了""不要你了"，这些表达会让孩子增加对世界的恐惧）。您可以多教西西一些应对突发情况的方法，比如在外面找不到妈妈可以找警察叔叔，在商场可以找保安或柜台服务员。知道了怎么解决问题，孩子就不会感到那么恐惧和无助了。

西西现在在幼儿园的表现传达了这样的信号：妈妈说"世界很危险"，我很害怕，我想哭。只有让西西不再认为"世界很危险，处处有坏人"，她才能消除恐惧，开开心心接受未知的世界。

希望西西变勇敢的小刘老师

第 5 封信

分离焦虑不光孩子有，父母也会有

硕硕妈妈：

您好。

非常高兴硕硕能分到我们班，她是那么可爱。您一定很爱她，连穿衣服都是爱意十足的母女装，走在幼儿园里很亮眼呢！

硕硕加入小二班，已经近一个月了。记得您第一天把硕硕送来时开玩笑说："孩子送到你们这儿，我终于可以过几天好日子了。"但在您离开的时候，我看您脸上写满的其实是担心，而不是要"过好日子"的放松。孩子刚上幼儿园难免哭哭闹闹，不舍得家长离开，这很正常。因为他们从来没和家人分开过，在家享尽宠爱，可是上幼儿园以后事事只能靠自己，老师对小朋友更是一视同仁没有偏爱，孩子刚开始不适应也是正常的。几乎每个小朋友都会经历"分离焦虑"这一阶段，只是时间有长有短。

快的小朋友基本上三天或一周就能适应幼儿园的生活。可是，硕硕已经上了快一个月的幼儿园，仍然和第一天一样，哭闹得厉害，不参加集体活动，也不怎么吃东西，还时常自言自语地念叨，说妈妈不要她了。我知道您为这件事特别伤神，尤其最近几天硕硕又生病了，应该说从上幼儿园到现在，硕硕几乎每天都在咳嗽、流鼻涕。

您一定很想知道硕硕为什么总也适应不了幼儿园的环境，不妨回忆一下：您每天送硕硕上幼儿园的时候，有没有给她"幼儿园不好"的消极暗示？有时候，与其说孩子有分离焦虑，不如说是父母有分离焦虑。如果您第一次把小硕硕送到幼儿园时表现得很不舍、很难过，硕硕看见了该怎么想呢？她肯定会想：这是什么地方啊，为什么妈妈的表情那么痛苦？这一定不是个好地方。然后您擦着眼泪离开了，把她一个人留在这个不好的地方，您想孩子会爱上幼儿园吗？除了害怕、恐惧、焦虑，我想她不会对这里有任何别的感觉。您说对吗？

恕我直言，要想让硕硕适应幼儿园，让她觉得幼儿园是个快乐的地方，首先要从您身上寻找原因，看硕硕究竟为什么哭闹。

您是不是经常表现得很担心她，问东问西，生怕她在幼儿园有什么不妥？如果有，很抱歉，您已经给她传递了"幼儿园不好"的消极信息。

您是否每次跟她说再见的时候都答应第一个来接她？有多少次没有做到却没有跟硕硕解释？如果这方面没做好的话，我只能遗憾地告诉您，硕硕不相信妈妈会按时接她，在她的心里，从您每天离开她的那一刻起，就意味着您不要她了。

回家之后，您都和硕硕聊什么呢？问她在幼儿园有没有被人欺负？问她玩滑梯有没有摔跟头？问她幼儿园的饭能不能吃饱？问老师喜欢不喜欢她？这些问题都是家长最关心的，也包括我。但是，您知道吗？这些问题看似是想了解孩子的一日生活，其实是在鼓励她回忆幼儿园不好的经历。

小家伙接触新的环境缺乏安全感，这时候您的一些表现又强化了这种不安全感。所以这么长时间硕硕总也适应不了离开您后的生活，就像您也适应不了离开她后的生活一样。

为了让孩子更好地适应幼儿园生活，身体健康少生病，让我们来认真梳理一下思路，重新面对与硕硕分离的问题吧。

1. 离开时不要表现得太痛苦，以免给孩子消极暗示。要让她知道，她必须上幼儿园，妈妈也必须上班，但是妈妈很爱她，一定会来接她。如果答应孩子第一个来接，就一定要做到，不要破坏了孩子对您的信任。

2. 平时和硕硕交流的时候，您可以多问她一些积极的问题。比如：幼儿园有什么好玩的玩具？在幼儿园吃什么好吃的饭了？你都和班里哪个小朋友认识了？老师是怎么表扬你的？鼓励硕硕尽可能地回忆幼儿园开心的事情。

3. 全家人一起，用游戏的方式让硕硕去体验分离。可以调换角色，她当妈妈，您或她爸爸当孩子，让她在情景中自己去说服孩子不要哭闹，然后再慢慢地代入到现实生活中（建议您看看《游戏力》这本书，其中有详细的案例可以参考）。相比说教，游戏的方式能更好地解决很多问题。

只要让硕硕喜欢幼儿园，并让她相信您是一定会来接她的，她这种明显的分离焦虑就会慢慢消失，自然也不会因为分离焦虑而反复生病了。

很爱硕硕的小刘老师

2.

吃饭喝水穿衣，都是大问题

孩子身上无小事。刚上幼儿园的孩子

吃得慢怎么办？边吃边玩怎么办？挑食怎么办？

喝水少怎么办？不懂得及时穿脱衣服怎么办？

小刘老师告诉你答案。

第 6 封信

必须学会一句话："老师，我要喝水"

童童妈妈：

您好。

最近几天童童上火了，您一定特别担心吧？每天下午接孩子的时候，您都会站在门口抱怨一会儿，似乎老师不照顾童童，没给童童喝足够的水，才导致她接连几天一直上火。

我特别能理解您的感受。我家孩子刚上幼儿园时也经常上火，作为家长咱们都是一样地心疼孩子。但在孩子生病的时候，咱们自己一定要冷静找原因，不能先乱了阵脚，让孩子感觉生病是一件可怕的事情。

说到童童喝水的问题，我也正想找时间跟您沟通一下。童童在幼儿园每天至少喝 7 杯水，具体的时间安排是这样的：

第一杯水：做早操之后，教学活动之前（8：45—9：00）

第二杯水：第一节教学活动之后（9：00 — 9：20）

第三杯水：户外活动之后，第二节教学活动之前（10：30 — 10：40）

第四杯水：起床之后，第三节教学活动之前（14：20 — 14：30）

第五杯水：第三节教学活动之后，区域活动之前（15：00）

第六杯水：区域活动之后（15：20 — 15：30）

第七杯水：放学之前（17：00 左右）

具体时间根据季节不同，略有调整。

幼儿园每个班都备有温度适中的水，如果小朋友想多喝点儿，可以随时告诉老师。但是童童太不喜欢喝水，别说主动要求了，就连在规定的喝水时间都不太愿意喝。她有时候抱着杯子发呆，有时候玩杯子里的水，还会趁老师不注意把水倒进其他小朋友的杯子，要老师盯着她才勉强喝一小口。

孩子在幼儿园喝水少这种情况不少见，很多家长都反映自家孩子到了幼儿园喝水少了，加上在幼儿园活动量大，身体丢失的水分多，孩子上火、咳嗽就成了常事。之前我也有过这样的焦虑，经过观察我发现，很多孩子不爱喝水跟在家的饮水习惯有很大关系。

所以，入园前，父母一定要教会孩子说："老师，我要喝水。"这样就可以避免孩子因语言表达不好不主动告诉老师，减少老师因发现不及时可能导致的各种麻烦。一定要教喔！

我问过童童，她说在家自己是用小水壶喝水。相信每个孩子都会有几个漂亮的卡通水壶，随身带着走到哪儿喝到哪儿，孩子喜欢，大人也觉得方便。但在幼儿园，孩子们是使用统一的杯子，有的孩子就会很不习惯。

　　有一次，班里新来了一位叫航航的小朋友，因为刚入园不太适应，妈妈希望他能先用自己的小水壶过渡一下，等适应了再换杯子。那段时间童童总是盯着这位小朋友。航航喝完水把水壶放在桌子上，童童就会坐到他的旁边，不停地说："这是你妈妈给你买的吗？""我也有一个，比你的更漂亮。""能不能给我喝一口？""明天我让妈妈也给我带一个来。"……

　　航航把水壶放在书包架上，童童就趁老师不注意，借上厕所的名义经过书包架，打开航航的水壶喝几口，又迅速拧好盖放回去。我想她是渴了喜欢用那样的水壶喝水。

　　可是孩子长大了，总有一天要学会用杯子。更何况幼儿园所有的小朋友都使用统一的餐具，包括杯子，这是锻炼孩子集体意识的好机会。为了让孩子及时喝水，很显然，搞特殊不是最好的办法。

　　首先，童童已经可以独立使用水杯，建议您在家也多让孩子练习使用水杯喝水，锻炼孩子的手部肌肉，去练习"端"的动作，也减少孩子对小水壶的依赖。

　　其次，在入园前家长要教会孩子一句话："老师，我想喝水。"有很多孩子都是因为口渴了不敢对老师说，或语言表达能力差，无法准确说明自己的意愿，而导致喝水少上火。幼儿园每个班有近 30 名孩子，老师的精力有限，如果孩子们不主动说，我们的确很难照顾到每个细节。

最后，可以在家采用做游戏的方式教会孩子端水杯。熟练了就不会每次都洒在身上，避免老换衣服，孩子也会更喜欢用水杯喝水。

童童生病这段时间，为了让小家伙早日恢复健康，咱们可以暂时带个小水壶到幼儿园。但这是暂时的哦，不能一直用它代替杯子。等童童的病好了，应该立刻采取行动，让她和其他小朋友一样用水杯喝水。

另外，建议您在家里多观察，多和孩子聊天，尽可能了解她所有的不愿喝水的想法，咱们多沟通，一起解决童童不爱用水杯喝水的问题。相信用不了多久，童童就会适应用水杯喝水，爱上喝水了。

希望童童爱上喝水的小刘老师

第 7 封信

轻率的指令：“不要脱衣服”

甜甜妈妈：

　　您好。

　　甜甜到今天就发烧三天了，不知道现在怎么样了？我和其他老师都很关心她的身体健康。这是入冬以来甜甜第四次发烧，我知道您一定很心疼，我们也是。两个月发烧四次，加一起只上了半个月幼儿园，换谁都会心疼得不得了。

　　是不是很奇怪，为什么孩子已经穿了很多衣服，却还是感冒发烧呢？别的孩子穿的衣服很单薄，反而比甜甜抵抗力强。我很理解您的心情，您怕甜甜穿得少会着凉，怕幼儿园空间大不暖和，很多家长都会这样想。所以您每天都给甜甜穿尽可能厚的衣服，并且千叮咛万嘱咐，让老师不要给她脱外套。

　　但为什么您对甜甜的衣物保暖这么细心，她反而比别的小朋友更容易生病呢？您大概没想过，幼儿园的活动多，孩子运动量大，衣服穿太厚会让孩子身体变得笨拙，影响身体舒展不说，孩子还容易出汗。汗湿的后背如果吹到冷风，孩子更容易伤风感冒。另外甜甜上厕所的时候，脱裤子的过程会比较长，里三层外三层地脱到最后，往往会忍不住尿到裤子上。这时候如果没有备用的衣服，在等家长送来的这段时间内，孩子也有可能着凉；即使不尿到裤子上，穿、脱衣服的烦琐过程也会让甜甜产生挫败感，情绪变得烦躁。您可能也了解，情绪不好也是孩子爱生病的原因。

其实，小朋友在幼儿园不用穿得太多，跟成人一样或者只比成人多穿一件就可以了。穿得太多反而更容易出汗、受风。可以多给甜甜带上一两件替换的衣服，放在幼儿园备用，老师根据温差适当给孩子更换，避免出现有时候早晨很冷，甜甜穿了厚的衣服来，到了下午又比较热，外套太厚就容易出汗的情况。

几乎和甜甜同时入园的佳佳，前几天也发烧了。她的爸爸、妈妈听说周六要举办"冬季亲子运动会"，特意找到我说出了他们的顾虑："大冬天的，在户外待久了，孩子会不会感冒啊？"我想您是可以理解佳佳父母的心情的。

我耐心地解释了冬季运动会对孩子身体健康的益处，佳佳妈妈还是在周六当天特意给佳佳穿得像只小熊一样走进了队伍。运动会前老师提醒，稍后的运动项目比较多，活动量大，容易出汗，最好给佳佳脱一件厚棉袄，而且厚衣服也不利于运动。但佳佳妈妈选择只让佳佳参加简单的运动，"意思意思"就可以了。

结果佳佳对幼儿园的运动项目非常感兴趣，表现得异常活跃，不仅参加了专为小班设计的彩虹伞游戏，连中、大班的跑步接力项目都非要参加。这只胖嘟嘟的小熊宝宝在运动会上又跑又跳，不一会儿就满身是汗。妈妈跟在后面给她擦汗、梳头发，就是"不敢"脱下那件裹着佳佳身体的羽绒服。

星期一，佳佳没上幼儿园，电话打过去说是发烧了。

其实很多家长都明白，孩子的体温不比成人低，只需要穿和成人一样或者多一件的衣服就足够了，穿太多反而更容易生病，也不利于孩子的身体发育。但一到了冬天，家长们又开始不停地往孩子身上加衣服，站在幼儿园门口，看到的都是一只只圆圆的小胖熊，远看根本分不清谁是谁。家长这样做原本是为了保护孩子，却不承想让他们的抵抗力越来越差。

甜甜和佳佳一样，衣服都穿得有点多了。希望您能放宽心，相信您的孩子，相信幼儿园。

1. 幼儿园有暖气，"别给孩子脱外套"这种要求尽量不要对老师提，老师会根据情况随时给孩子增减衣服。

2. 多带几件替换的衣服，孩子出汗多，方便及时更换。

3. 不要因为天气冷就禁止孩子出门，适当的户外活动有利于增强孩子的抵抗力。

4. 孩子生病期间家长更容易给孩子穿厚衣服、盖厚被子，时刻提醒自己别这么做。

5. 教会孩子说："老师，我想喝水。"

最后需要提醒的是，甜甜生病期间对她也不要过于溺爱，如果这时候对她百依百顺，很可能病好了之后，稍微有点不如意她就会大哭大闹。无理哭闹对孩子的身体健康和心理成长都是有害无益的。

　　希望甜甜早日康复，老师和小朋友们都期待甜甜回到这个可爱的大集体。

非常想念甜甜的小刘老师

第 8 封信

边吃边玩害处多

月月妈妈：

您好。

不难看出，您是特别疼爱月月的。

我知道现在很多父母都很舍得为孩子花钱，满屋子玩具不算什么稀奇的事。但是玩具多了，麻烦也就出现了。就像月月，开饭了还抱着玩具不肯松手。任凭大人怎么提醒，她都哼哼唧唧地不动地方。几经折腾，终于过来吃饭了，她却总是吃一口玩一会儿，再吃一口又跑走了，反反复复。

边吃边玩很容易导致消化系统紊乱，影响身体健康，还会让月月养成三心二意的坏习惯，做事情不能集中注意力，对她以后的生活和学习是非常不利的。

有一次在幼儿园上美术课，老师先带着小朋友做了一个采蘑菇的游戏，让他们感受采蘑菇的快乐，同时观察蘑菇的不同颜色和形态。整个过程进行得很顺利，月月也很喜欢地上五颜六色的像小伞一样的蘑菇。可是到了画画的时间，小朋友们都拿起画笔在纸上涂着自己心目中的小小蘑菇伞，只有月月明显不那么认真，她一会儿画两下，一会儿又跑去地上玩，反反复复了好多次，以至于在美术课结束时没有完成作品。

可能您觉得是月月不喜欢画画，我不得不告诉您，她在其他任何教学活动甚至游戏中，都会多多少少表现得有些三心二意。比如，正听着故事她却跑去玩积木了，饭没吃完她就坐过去看图画书，就连做游戏的时候也是一会儿要当白雪公主，一会儿又要当小矮人，很少有一件事能够专心地做完。

这个年龄阶段的孩子，爱玩是天性，他们对世界的探索和认知最初都是要通过游戏来实现的。而作为父母要做的，是帮助孩子分清"什么时间该玩，什么时间不该玩"。换句话说，月月不觉得吃饭时间玩玩具是不对的，那我们为什么不去引导她遵守玩玩具的时间规则呢？尤其餐前 10 分钟，必须把玩具收好（可以告诉月月：玩具妈妈做好了饭，该把玩具宝宝送回家了）。只有她遵守这些规则，养成饭前收玩具的习惯，您才能不为让她上饭桌这件事犯愁。

接下来，给月月制订一套"雷打不动"的就餐规则吧，这是很多老师和家长使用过的有效法宝：

1. 规定吃饭时间长度，比如只有半小时，超过半小时就收拾餐具，绝不等待。

2. 吃饭时不能做与吃饭无关的事，如看电视、玩玩具等，否则不能上桌。

3. 错过了吃饭时间，在下顿饭之前将不会有任何食物可吃。

刚开始月月肯定还会玩，可以别叫她，但需要把规则说给她听。她可以选择玩玩具或者吃饭，但必须对自己的选择负责任，承担相应后果。放心，经过两次饿肚子之后，月月看到父母并不心软，规则也绝对不能改变，就会慢慢妥协了。

自己的宝贝饿肚子父母一定不忍心，月月的体重本来就比同龄孩子轻，营养也不均衡，如果再饿几顿不吃饭，万一病了怎么办呢？我很理解家长的顾虑，我也会担心自己的孩子吃不饱，怕孩子生病。

但饿了吃东西是人的本能，孩子也一样。月月之所以这样，是因为没有真正体会过饿肚子的滋味。无论大人还是孩子，真饿了绝对会吃。这一点我想您也会赞同。

另外，还需要控制下孩子的零食。孩子所需的营养主要来自一日三餐，只要三餐吃得好，基本营养得到保证，一般不需要再加零食。

特别提醒一下：照护者必须统一态度，这很重要。不能妈妈定的规则爸爸不去遵守，过了吃饭时间妈妈要收碗爸爸却替孩子求情，这会让孩子感到混乱，分不清对错，自然容易前功尽弃。

为了孩子的身心健康，我们作为父母先从改变自己开始吧，我相信您！

希望月月可以专心吃饭的小刘老师

第 9 封信

大人无形中影响孩子养成挑食的习惯

辰辰妈妈：

您好。

今天早晨您告诉我，辰辰特别喜欢看一部名叫《大耳朵图图》的动画片。小主人公图图不爱吃西红柿，图图妈妈也不吃，后来您发现辰辰也开始不吃西红柿了。您很苦恼，不知道该不该继续让她看动画片。

的确，辰辰在幼儿园很少吃西红柿，其他蔬菜吃得也少。也许她从动画片的情节以及人物的表情中，感觉到西红柿一定不好吃，认为吃西红柿是件很痛苦的事情，从心里对这种蔬菜产生了排斥，这不是不可能。但孩子挑食完全是受动画片的影响吗？

拿我家孩子明明举例来说，吃饭的时候，爸爸夹了一口蘑菇放进嘴里，刚咬一下就猛地吐出来，然后尴尬地笑了笑说："这个蘑菇实在太酸了。"看到爸爸痛苦的表情，坐在对面的明明立刻放下筷子，那盘蘑菇一口都没吃。明明天生就不爱吃蘑菇吗？显然不是的，是爸爸尝了一口之后的痛苦表情影响了他。那句"这个蘑菇实在太酸了"，给明明传达的信息就是蘑菇不好吃，太酸，吃完会吐出来，心理上，他自然就对蘑菇产生抗拒了。

辰辰也有同样的情况。

有一次吃午点，小朋友们领到水果刚准备吃，一位陪同的新生家长说了一句："还有其他水果吗？瑶瑶不能吃香蕉，一吃就会拉肚子的。"

当时辰辰坐在瑶瑶对面，一桌五个小朋友，那天全都没有吃香蕉。

并不是每个孩子吃完香蕉都会拉肚子，但是辰辰不明白，她只从瑶瑶妈妈的语气和表情中，感觉到香蕉不是好水果，同时，经验告诉她拉肚子并不好受。这种影响显然不是刻意的，但已经在无意间对孩子的饮食习惯产生了不良影响。

这就要求我们大人时刻注意自己的言行。当孩子第一次接触到某种食物时，大人的评价尤为重要。比如，大人说"吃了这种菜可以像爸爸一样高""这种粥喝完可以变得强壮"，相信孩子很愿意接受并且会爱上这种食物的。

相反，大人平时对减肥比较热衷，总喜欢谈论什么蔬菜减肥，什么菜容易胖。孩子可能不知道减肥是什么，但绝对能听出来家长喜欢哪种菜，不喜欢哪种菜。

所以一定要避免在孩子面前评价饭菜，传递关于饭菜的消极信息。请在开饭前下足功夫，对上桌的饭菜一定要心里有数，避免像前面我家孩子爸爸那样，尝了一口又吐出来。

我的做法是，带明明去菜市场，让他参与选择。很多家长会认为小孩子不懂什么蔬菜有营养，更不了解各种蔬菜的价格，带着去也是添乱。其实不是的，孩子的好奇心很强，无论走到哪里看到什么东西都会不停地发问，即便不问也不会拒绝家长向自己介绍周围的事物。

通常我会抓住这个机会多向明明介绍各种蔬菜的名称和营养价值，包括我自己不爱吃的。我告诉他西红柿像红红的太阳，它会使明明长得更高、更漂亮；胡萝卜是小白兔最喜欢的食物，因为胡萝卜能使小白兔跑得更快，这样大灰狼就抓不到它了。明明很喜欢听我介绍，也会不停地问我这是什么那是什么。

事实也证明这样做是有效果的。我第三次带明明去菜市场那天，他竟然拉着我，直接捡了两根大胡萝卜，一手举着一根冲我不停地晃："妈妈，今天吃胡萝卜吧？""为什么呢？""我想跑得快一点，今天在幼儿园我差点就跑第一名！"

晚餐我们做了美味的胡萝卜羹，小家伙吃得别提多开心了。

孩子不知道什么东西好吃什么东西不好吃，对饭菜最初的评价都是来源于家长传递的信息。以下给您几条建议，只要坚持用积极正面的态度去引导，相信辰辰一定会有所改变的。

1. 选择积极向上的动画片，并陪孩子一起观看。辰辰还小，理解能力有限，很多时候需要爸爸、妈妈的帮助才能正确理解动画片中的内容。我们需要帮孩子过滤掉那些可能造成不良影响的动画片，同时把孩子需要从中学习的部分提炼出来，一起分享。

2. 大人首先不能挑食。很多家长自己就挑食，经常不吃这个不吃那个，孩子看在眼里，就会从家长的表情和语言中获取消极信息，所以一般家长不吃的东西孩子也不会吃，这在生活中很常见。父母的一言一行都是孩子模仿的对象。

3. 不要在辰辰面前讨论不好吃的食物，要让她觉得所有的食物都是美味佳肴。家长说西红柿太酸，孩子就有可能不再爱吃酸的食物；家长说吃西红柿可以变漂亮，孩子就有可能争着吃，然后天真地问我们："妈妈，你看我漂亮吗？"

4. 多表扬。表扬不是简单说一句"你真棒"，而是要具体到事，比如："辰辰把两盘胡萝卜都吃光了，个子越长越高，都快赶上爸爸了，真了不起！"

希望您能及时和老师们交流，交换辰辰在家和幼儿园的进餐情况，第一时间了解她的点滴进步，及时给予表扬和引导，相信很快就能看到一个不再挑食的辰辰。

希望辰辰不再挑食的小刘老师

第10封信

给孩子一个自由的就餐空间

洋洋妈妈：

您好。

早晨洋洋来幼儿园的时候，我看到您拉着他说了很多，好像在叮嘱什么。后来洋洋转身走进活动室，过了几分钟，我从教务处回来时，发现您还站在门口，只是双腿弯曲，悄悄地躲在门外面，不时还透过玻璃小心地观察一下。您是在看洋洋吃饭吧？

最近一段时间，洋洋的进餐情况确实不如以前了。您一定很奇怪，为什么别的小朋友饭量都很大，只有洋洋挑食，看起来一点胃口都没有？为什么同样是在幼儿园就餐，别的小朋友长得身强体壮，只有洋洋个头小、弱不禁风，根本不像上了幼儿园的孩子？

每每这时候，您都会说服老师让您留下来陪着洋洋吃完饭。但即便妈妈在旁边陪着，洋洋仍然不像其他小朋友那样在规定时间吃完，这让您更加疑惑了。

其实洋洋妈妈，您坐在孩子身边看着并不一定能改变什么，事实证明这样做反而更糟。想想看，遇到洋洋不喜欢吃的，您就命令他必须吃进去，吃饱了还要强迫他再盛一碗。这种情况发生过很多次，似乎在您看来，洋洋永远都在挑食，从来都没有吃饱过，总是恨不得让他把所有能吃的饭菜都吃进去，才能健康成长。可是您注意到洋洋的表情了吗？他一定觉得这顿饭吃得很痛苦，好像有人要他完成规定的任务一样。

有一次，我看到洋洋把碗里的黄瓜丁一粒一粒地挑出来，大概是怕老师看见吧，他把那些黄瓜丁扔到了对面小朋友的碗边。我问他为什么不喜欢吃黄瓜，您知道他说什么吗？"妈妈给我盛一大碗黄瓜，我吃不完……""吃不完可以少吃一点啊！""不行！妈妈说吃不完就不能看动画片了！"

一定是洋洋在家吃饭时，您因为担心他吃不饱，经常给他规定饭量吧？黄瓜丁让他想起了过去不愉快的进餐经历，这才是他不吃黄瓜丁的真正原因。

作为父母，为孩子准备各种有营养的食物确保他们身体健康，这是责任也是义务。但同时我们是不是应该讲究方法，尊重孩子的个人喜好呢？如果洋洋确实不喜欢吃黄瓜，或者因为其他原因才不吃，就不应该勉强他，硬塞进他嘴里，至少要听听他的理由。一旦让洋洋在餐桌上产生了不愉快的情绪，可能会影响他的食欲，很可能连平时喜欢吃的饭菜他都不吃了。

回想一下，我们大人有没有因为身体不适或者心情不佳而没胃口，不想吃饭呢？如果这时候有人走过来看着我们，强迫我们必须吃完，而且吃多少都帮我们规定好了，我们心里会是什么滋味？不被理解？恨不得全部吐出来？肯定不会是欣然接受吧？洋洋也一样。

大约在一岁半以后，孩子会进入"第一反抗期"，拒绝吃饭和挑食是小家伙向我们强调自己的存在呢，不希望大人过多干预他。但如果我们没有理解孩子的信号，而是凭自己的意愿为孩子规定食谱和食量，当他有了反抗能力，有了自己的想法，不愿让大人事事包办，事事替他做决定，挑食就是他的反抗方式。

我经常说一句话："不要小看孩子的智商。"您真的以为悄悄躲在门外面看，洋洋就不知道？很多成人以为小孩子不知道的事情，其实他们都知道。当感觉门外有一双眼睛在盯着自己时，就好像时刻被监视一样，我想洋洋是有压力的，再香的饭菜他也会没有食欲。

之前有段时间我和您一样，总担心孩子吃得太少，长不高，于是天天强迫孩子多吃这个，多吃那个，甚至严厉训斥，吃不完不许睡觉。事实证明，这些招数不仅不管用，对孩子的个性反而是一种可怕的压制，会让孩子产生心理阴影，慢慢地不厌食都难。

问题不在孩子，而是父母剥夺了他们自由进餐的空间。

如果您接受我的说法，那么就从现在开始，把吃饭的自由空间还给孩子吧。

1. 让洋洋自己选择吃什么、吃多少、怎么吃。您只需要准备营养丰富的饭菜，供他选择，其他的都让他自己做主就好了。

2. 洋洋食欲不振时，少吃一顿没什么大不了。要相信孩子是饿不坏的，千万不要强行给孩子加饭，或者规定必须吃完多少。

3. 绝对相信幼儿园，相信老师。我们会照顾好每个孩子的饮食，给他们一个轻松愉快的就餐环境，不要在门外偷偷观察了，让洋洋放松下来。

当吃饭不再是执行任务，饿了就吃，饱了就收碗，吃多吃少大人都不会大惊小怪，小家伙们一定能慢慢减少压力，爱上进餐。要知道，洋洋排斥的不是某种饭菜，而是由吃饭引起的各种压抑和不自由。

附赠一个有效的小方法：如果条件允许，让洋洋参与餐前准备活动。比如，带他一起去菜市场买菜，尽可能让他挑自己喜欢的，回来和大人一起做些准备工作：摘菜，摆放小碗、筷子，等等。让洋洋觉得做饭是件愉快的事，而不是艰难的任务。等自己亲手做的饭菜一上桌，大多数孩子是会迫不及待的。就是用这个方法，我家孩子爱吃的饭菜越来越多，相信洋洋也会一样。

期待洋洋小朋友的转变，加油，妈妈！

让洋洋自己做主的小刘老师

第 11 封信

让吃饭成为一件快乐的事

晨晨妈妈：

您好。

您和同班的洋洋妈妈很像，都很担心孩子身体发育不良，在吃饭这件事上尤为紧张。很多时候为了让晨晨多吃饭，刚一坐上饭桌，您就规定好了吃什么，吃多少，甚至先吃什么后吃什么。

但是您没发现晨晨吃得越来越少吗？我一直在找原因，直到那天晨晨来晚了，老师带着小朋友在外面做早操，活动室里只剩晨晨自己吃早饭，还有旁边陪她等老师的您。

因为晨晨刚生过一场病，身体比以前显得虚弱不少，您大概是太担心她的身体了，竟然把满满一碗米粥和两盘菜摆在晨晨面前，要求她全部吃下去！晨晨平时饭量不大，我不认为她真能吃得完，事实证明我还算了解晨晨的，她的小肚子果然装不下了，菜只吃了一盘她就扭扭捏捏地想去送碗。我并不觉得反常，一碗米粥和一盘菜本就是晨晨的正常饭量，可是一旁的您却不这么认为。

我听到您训斥了晨晨，因为她没有完成您规定的进餐"任务"。在极不情愿又无能为力的情况下，晨晨强忍着把最后一盘菜一口一口塞进嘴里，然后努力咽下去。几声咳嗽之后，晨晨吐了，眼泪和鼻涕一起流下来。不知您现在回想起来会不会很心疼？

后来我问过晨晨一些问题，明白了她不爱吃饭的原因。其实不是不爱吃，也不是您口中的贪玩，更不是故意跟妈妈作对。简单点说，一切都不是晨晨的错，是您规定的"任务"让她对吃饭这件事产生了不愉快的条件反射，即便再有胃口，想着眼前满满一桌的"任务"也会没食欲了。

您总发愁晨晨吃饭时东张西望、边吃边玩，其实这都因为晨晨吃得不愉快，根本没有食欲。加上您平时惯用的"招数"：威胁、训斥、强迫孩子、吃不完不许睡觉，多可怕啊！一定没效果吧？不仅没效果，还会直接引起孩子精神紧张、心理压抑，食欲减退。

如果您和许多家长一样，觉得"对孩子严厉点，她便不敢不听话了"，那您大概率会失望了，强迫孩子做的事情永远都会适得其反。

我们大人到了用餐时间会坐上餐桌乖乖吃饭，可在晨晨眼里这件事是枯燥的，她很难坐在椅子上一动不动，有时跑来跑去，有时边吃边玩，这是孩子的天性。

解决孩子不爱吃饭或不专心吃饭的方法有很多，但如果孩子硬是不吃，就由他们吧，不必紧张，饿了他们自然会吃。

我们小区的浩浩今年五岁，他在三岁半的时候，长得特别瘦小，不爱吃饭，全家人又是咨询医生又是拜访老师，整日愁眉不展。有一个周末，我看到浩浩妈妈在小区里追着浩浩喂饭，浩浩双手抱着皮球躲来躲去，浩浩妈妈一边追一边大声训斥："你到底吃不吃？再不吃我让别人吃了！""我数到3，要是吃不完妈妈就不要你了！""1、2、3！那你自己在这玩吧！"说完转身就往楼上走。浩浩站在那里，可怜兮兮地望着妈妈，眼里含着泪水。

我走过去，抱着他轻轻地帮他擦眼泪，浩浩委屈地对我说："刘阿姨，我害怕！"

类似场景并不少见，是浩浩不饿吗？在楼下玩了半天皮球肯定饿了，但是妈妈总担心他吃不饱，一看他吃饭慢就想发火。结果是浩浩越来越恐惧吃饭，连喂饭都那么困难。在他看来，吃饭不是一件愉快的事。他害怕吃饭，害怕听到妈妈的训斥和威胁，生怕自己一口饭吃慢了妈妈就会不要他了。

反思一下，您是不是也会做浩浩妈妈同样的事情？其实想让孩子好好吃饭很简单，就是给他们一个愉快的就餐环境，把自由快乐的天性还给孩子，而不是规定任务，施加压力。

别急，现在给您推荐一种幼儿园老师常用的有效方法——以童话、游戏的方式为孩子营造一种愉快的就餐氛围。这个方法很好用，比如晨晨在吃鱼香肉丝的时候，可以告诉她，有很多条小鱼正向这边游过来，它们会破坏地球和平，必须一条一条地消灭掉才能保护人类。晨晨完全可以听懂并理解这样的故事，并能立刻提起精神，迫不及待地想要当英雄，就像奥特曼一样。还可以告诉她，小鱼有绿色的和红色的（青椒丝和胡萝卜丝）两种，绿色小鱼最害怕筷子，我们要用筷子把它夹起来；红色小鱼害怕大大的嘴巴，一定要大口大口把它吃下去……您只要负责营造气氛，让晨晨有身临其境的感觉，并在她"消灭"了"敌人"之后给予及时的表扬。（当然，故事是随机的，如果晨晨觉得小鱼是善良友好的动物，是人类的朋友，妈妈就要变换内容喽！）

多变换不同的游戏情境让孩子置身其中，最好是选她感兴趣的游戏和故事，慢慢地，吃饭便会成为一件快乐的事情。

希望晨晨愉快吃饭的刘老师

第 12 封信

吃饭切不可讲条件

牛牛妈妈：

　　您好。

　　今天早晨牛牛来得很晚，眼睛红红的，像是哭了很长时间。您说牛牛非要买玩具火车，哭了两个小时不肯上幼儿园。我猜，一定又是您为了让他快点吃饭，才答应他的吧？

　　之所以有这种猜测，是因为前几次牛牛总告诉我"妈妈说话不算数"。您答应吃完饭带他去看奶奶然后再上幼儿园，可最后根本没走去奶奶家的那条路；答应吃完这顿饭给他买小火车托马斯，可最后总会以各种理由拒绝："今天商店没开门，等开门才能进去。""下大雨不能出去，等太阳公公出来了带你去买。"凡此种种。您以为这招很管用，确实，刚开始的几次牛牛果真乖乖地吃饭，并天真地等待着。

我能理解您的做法，很多父母都和您一样，不懂该如何让孩子多吃饭，又舍不得训孩子，通常会采用"利诱"的方式与孩子在餐桌上谈判。比如："快点吃完给你买玩具。""喝了这杯酸奶带你玩淘气堡。""吃完饭带你去奶奶家。"

　　在种种诱惑下，短时间内可能效果真的不错，但是久而久之，孩子便会把吃饭当作"谈判"的筹码，不讲条件就不吃，拿吃饭来要求父母满足自己的愿望。所以我们经常听到："要是我把饭吃完了，你就买遥控飞机给我。""我要去沙发上吃，不然就不吃了。""我不爱吃这个，重新做一个我就吃。"……

　　牛牛是不是这样跟您讲条件的呢？

　　牛牛的好朋友奔奔也是这样，他从小在奶奶家长大，上了幼儿园才接回父母身边。老人只要奔奔吃饱不哭就行，总拿买玩具、买零食来诱惑他吃饭。接回父母身边之后，这种吃饭讲条件的习惯延续了下来，每次吃饭奔奔都要妈妈买东西，不买绝对不吃。

　　后来奔奔妈妈向我请教，我只说了一句话：吃饭就是吃饭，没条件可讲，如果不吃，就依照规则"直至下顿用餐之前没有任何食物"来办。

　　您要彻底改变自己的态度，相信牛牛是饿不坏的，一顿两顿没吃好不必大惊小怪，更不要在牛牛面前表现得太紧张。保持心平气和，吃多了不表扬，吃少了也不批评。让牛牛知道，吃完饭本来就是应该做的事情，根本没什么值得奖励。只要您的态度坚决，牛牛再不愿意也无济于事，威胁您只会让他自己饿肚子，几次下来，尝到苦头，他自然会主动吃饭了。

您可能会说我狠心，很多父母都是因为舍不得饿着孩子才去利诱或者训斥、打骂孩子的，各种良苦用心却无济于事。前面提到的奔奔妈妈，刚开始对我的建议也是半信半疑，想试又狠不下心。但两个月后她激动地找到我，笑容满面地讲了半个小时奔奔现在的吃饭情况。

她说："最开始的时候，奔奔每天都要讲条件，不仅是吃饭时讲条件，不管我要求他做什么，统统都要讲条件，而且越来越严重。后来我终于狠下心，不再跟他谈判了，当然也不再训斥和强迫。我预料到他会疯狂地哭上一段时间，不知道妈妈怎么了，怀疑妈妈不爱他了。很庆幸我坚持了下来，也渐渐发现小家伙的谈判变少了，大概是看到我的态度坚决，动摇不了。但是他有新的招数，学会试探着问我：'妈妈我不买玩具车了，我吃饭，那你还喜欢我吗？'天啊，这孩子真的以为我不喜欢他了！我很确定地告诉他：'妈妈爱你，无论你要不要玩具汽车、吃不吃饭，妈妈都非常爱你。只是妈妈很希望你能乖乖吃饭，变强壮一点，等妈妈老了你来保护妈妈……'"

她还说了很多，最重要的一句是，"奔奔已经能独自吃饭，不用催促了，并且吃得很开心"。

说了这么多餐桌上谈判的弊端，我还想补充一句：任何事情都不是绝对的，就吃饭这件事来说，有一种条件是可以讲的。

我家孩子吃饭也讲过条件，但我讲的条件是这样的——"如果你吃完碗里的饭，下午给你做你最爱吃的绿豆粥。""如果你喝完这杯牛奶，明天就能吃到美味的鱼香肉丝了。""只要你第一个吃完饭，下顿想吃什么我都满足你。"……

这样我家孩子一方面积极用餐，同时又在计划下顿饭想吃什么。把下顿饭作为好好吃饭的奖励，孩子会觉得来之不易而更加珍惜，远比爸爸妈妈强迫管用得多。您说是吧？

从明天开始，不要再接受牛牛的无理条件了（以下顿饭饮食为条件的除外）尽量做到三点：

1. 吃饭就是吃饭，没条件可讲。

2. 讲条件饭后再说，绝对不能先答应后吃饭。

3. 如果不吃，适当地饿两顿没什么大不了。

如果您今天早晨态度坚决，不答应给他买玩具火车，更不送他上幼儿园，他就会知道讲条件没用，您是不会上钩的，最后饿肚子的是他自己，上不了幼儿园的也是他自己。几次之后，您会发现，牛牛讲条件越来越少了，有时候还会尝试着观察您的反应，就像奔奔那样。

我相信您会改变的，牛牛也会改变的。加油，牛牛妈妈！

不和牛牛讲条件的小刘老师

第13封信

饭菜不要单调，也不要过于丰盛

静静妈妈：

您好。

很高兴您在静静吃饭的事情上一直做得很好，给了她足够自由的就餐空间，也会玩一些小游戏增进她的食欲。静静在家从来不挑食，不闹脾气，这是很难得的。

但是您知道吗？即便这样，静静在幼儿园吃饭的情况也并不乐观，她不仅挑食，很多时候一口都不会吃。开始我也很奇怪，听您说静静在家吃饭那么好，为什么到幼儿园就开始厌食了呢？

需要说明的是，幼儿园的饭菜绝对没问题，营养足够丰富，很适合幼儿口味。小朋友都非常喜欢吃，甚至有的家长还要求厨房对外销售部分食物。

有一次吃午餐的时候，我发现静静不仅不动勺子，还仔细盯着碗里的黄瓜，表情很认真，像在思考什么。我很好奇，蹲下来把她推到一边的盘子重新放回她面前。我问她："你为什么不吃饭呢？"静静说："幼儿园的饭跟妈妈做的不一样。""这是什么菜呀？我没吃过。""这个荷叶上的小青蛙我不喜欢吃。"……

后来了解到，您平时工作很忙，极少有时间设计新花样给她。静静也很少出门，没有在外面就餐的经验，似乎饭就应该是妈妈做的那样。黄瓜是切成片的，切成丁就不是黄瓜了；面粉只能用来做面条，面片汤就不会吃；豆角只吃一种，长的或者紫色的都不喜欢。她不是不挑食，而是在妈妈做的有限的几种饭菜里不挑食。

隔壁班有个漂亮的女孩叫优优，大概小时候医生说她缺钙，营养不足，于是优优妈妈每天都给她喝牛奶，小优优显然非常喜欢喝，据说一箱牛奶只需要两天就全部喝光了。没错，每天喝这么多奶，肯定吃不下正餐了，偶尔吃几口也必须在饭菜里混一些牛奶才行。优优长得很结实，小肚子总是圆鼓鼓的。

优优上幼儿园之后，问题开始接连不断地出现。由于之前饮食太过单调，优优一时很难适应幼儿园多样的饭菜，而老师也不会给优优开先例，允许她一天到晚随时随地喝牛奶。所以很长一段时间，优优都适应不了幼儿园的生活，每天下午接回家都像没吃饭一样，匆匆打开一袋牛奶，咕嘟咕嘟地喝下去。

饮食单调是引起孩子偏食、厌食的原因之一，也许短时间内在家吃饭看不出来，但孩子长大后总要走出去的，那时会很难适应外面的食物。比如，眼前就面临着一日三餐需要在幼儿园解决的问题。

幼儿园的每周食谱您看过吧？每顿饭都会变换花样，菜名也是根据孩子的心理特点设计的。静静看到各种没吃过的食物，没听过的菜名，总觉得不好吃，不愿意尝试。

其实孩子对新鲜事物普遍是感兴趣的，给孩子做饭应该多注意色香味俱全，想一些有趣的菜名，变换不同花样来刺激她的食欲。单单是面食就可以做成面条、包子、饺子、花卷、烙饼以及馅饼。如果静静只吃过馒头，那么遇到烙饼就很有可能不喜欢吃了。

我家楼上的丁丁就不吃馒头，后来我给他妈妈发了一个教程，让她照着视频把馒头做成各种小动物的形状，用绿豆点缀眼睛，火腿肠做嘴巴，栩栩如生。孩子本身就对动物感兴趣，吃饭时让他挑出自己喜欢的或能叫出名字的小动物，比赛看谁能把小鸭吃掉，看谁先吃完大老虎，等等。丁丁不仅吃得开心，饭量也变大了。上幼儿园之后，随便厨房阿姨怎么设计馒头的花样和名称，丁丁都吃得很开心。

建议您熟悉一下幼儿园近期的食谱，在家做饭时尽可能保持家、幼儿园一致，别让静静对幼儿园的饭菜感到陌生，拿家里的饭菜和幼儿园作对比。

相反，如果家里的饭菜过于丰盛，自然幼儿园是做不到的，这样也可能导致和饮食单调相同的后果。举个例子，班里刚转来的小天就有一段这样的经历，他家是从大连搬过来的，爸爸妈妈吃惯了海鲜，经常做螃蟹、大龙虾等海产品，而这些食物在幼儿园是不会每天都有的。

意料之中，小天很长时间都不肯吃幼儿园的饭，理由是："幼儿园没有螃蟹，我最喜欢吃螃蟹的腿了。""这里的菜没有味道，我不爱吃青菜。""妈妈说，那种胖胖的鱼才有营养。"

我们花了很长时间，让小天明白饮食有很多种，每种食物都有特殊的营养，小朋友必须营养均衡才能长得更高、更强壮；也用了各种游戏让小天理解，饭菜不一定做得多到摆满桌子才能吃。

我们在家做的饭菜既要注意营养均衡，又要做到色、香、味俱全。太单调或太丰盛都可能会让孩子不适应幼儿园的食物。眼下最好的办法是：

1. 学习一些相同食材的不同做法，变换着花样给她吃，不太单调，也不过于丰盛。

2. 通过讲故事的方式或做情景游戏，向孩子说明各种蔬菜的营养价值，并告诉她每种蔬菜的营养都不可或缺。

3. 不要问孩子幼儿园的饭菜好不好吃，告诉孩子：每一道菜都是人间美味。

4. 多和老师沟通，了解孩子的点滴进步，及时表扬。

很简单吧？您只需要拿出足够的耐心，和孩子一起做出改变，相信不用多久，静静就和其他小朋友一样，主动吃饭并爱上幼儿园的饭菜了！

希望静静爱上幼儿园饭菜的小刘老师

3.

所有"问题行为"都不是问题

每个父母认为的孩子的"问题行为"
背后都有形成的原因。耐心去理解
孩子的这些行为，做孩子的"知心人"。

第 14 封信

为什么宝宝入园后性情大变？

涵涵妈妈：

您好。

昨天深夜看了您的邮件，我对您的心情表示非常理解。涵涵一直是个乖巧安静、有点内向的孩子，在很多家长眼里，大概算得上标准的好孩子。但自从送幼儿园之后，本来乖巧的涵涵却来了个 180 度大转弯，脾气变得暴躁，不讲理，说几句就哭闹不停。

"上幼儿园是为了学习和锻炼的，应该越来越好才对，怎么反而不如以前了呢？"

"是不是幼儿园老师对孩子不好？"

"是不是这所幼儿园不正规？"

"要不要考虑换一所幼儿园试试？"

各种猜想和议论让您也乱了阵脚。

首先可以肯定的是，幼儿园的每位老师都很专业，也很负责，对涵涵爱护有加。那究竟为什么涵涵会突然性情大变呢？其实很简单，就是小家伙入园的时间不长，还处在入园焦虑阶段。虽然已经不再哭闹和拒绝上幼儿园了，但不代表她已完全度过了这段焦虑期。

涵涵在家是独生女，您和爸爸、爷爷、奶奶四个人整日围着她转，所有事都以她为中心，在全家人的宠爱下，她像公主一样享受着种种理所当然的特权。上了幼儿园之后呢？老师对待每位小朋友一视同仁，不可能再以她为中心了，她也不再享有独宠和任何特权。优越感的消失让涵涵非常压抑，想干什么都要经过老师许可，不能单独行动；想吃东西必须等到规定的时间，吃规定的饭菜；不想看的动画片也因小朋友都在看而不被换掉。这里没有爸爸妈妈，不能随便撒娇和提要求，一切都按规矩来，她无法改变这些，甚至引不起老师的持续注意。

煎熬的一天终于过完了，好不容易解放了，回到家却被大人你一句我一句地问东问西，让她丝毫感受不到往日的轻松和快乐。

"今天在幼儿园怎么样？"

"下午吃的什么饭啊？"

"有没有小朋友欺负你？"

"老师喜欢你吗？"

作为家长总是迫不及待地想知道孩子一天的全部情况，但是您想过吗？涵涵刚刚从幼儿园这个让自己觉得压抑的地方回家，此时她需要的是爸爸妈妈温暖的怀抱和理解的眼神，如果这时候问一些她最不愿提起的事情，只会让她本就压抑的情绪更加压抑。

情绪压抑到极点会不会发泄呢？

涵涵在家里大喊大叫，也许是因为老师要求小朋友上课安静，不能随便讲话；在家把饭粒撒得到处都是，也许是因为老师要求吃饭不掉饭粒，为了不被老师批评而小心翼翼，从而吃得很不轻松；她动手打了爸爸，也许是因为在幼儿园被别人欺负了，身边没有妈妈不敢还手。

总之，孩子的坏情绪往往并不因为眼前这点小事而触发，我们应该多关心和了解孩子的内心世界，始终相信任何反常都是有原因的，不要错怪了孩子从而增添她心里的委屈。

想让涵涵变回以前那个乖巧懂事的好孩子吗？办法很简单，就是尽早帮她度过入园焦虑期。

1. 放学不要急着问幼儿园里的事，尤其是"有没有人欺负你""饭菜合不合胃口"等有可能引起不愉快的事。实在想了解情况的话，建议您先和带班老师沟通，一来了解涵涵一天的表现，二来可以抓住她的小进步，及时表扬。

2. 发现涵涵情绪不好时，不要大声训斥，要多给予安慰。比如轻轻地拥抱她，让小公主知道妈妈很理解她的压抑。尽可能用温柔的语气引导她说出来，给她安慰和鼓励。当孩子坚信妈妈是理解她的，也就愿意主动倾诉了。

3. 关于幼儿园和老师的话题，只说好的不说坏的。始终给涵涵灌输一个思想：幼儿园是快乐的地方，老师和小朋友都很喜欢她。千万不要在孩子面前质疑老师的能力和爱心，或者对她的一日生活表现得过于紧张。

4. 多数小朋友入园焦虑的原因是没有建立好亲子关系，这会使她们失去安全感，害怕妈妈不要她了，不确定妈妈会不会来接。所以您要让涵涵相信，无论发生什么事，哪怕下再大的雨，哪怕您生病了都一定会来接她的（最好在开始的一段时间能第一个来接）。

此外，工作再忙也不要忘了多和老师交流，交换一下涵涵在家和幼儿园的情况，及时给予必要的关注和表扬。加油，涵涵妈妈！

关心和爱涵涵的小刘老师

第 15 封信

孩子为什么要装病？

小童妈妈：

您好。

今天中午小童又"肚子疼"了。自从上次因病休息了半个月之后，小童几乎每天都说肚子疼，不排除有时候她是真的不舒服，但很多时候却是为了逃避某项运动或不想午睡。老师们都知道小童刚刚病愈回来，对她格外关注，时真时假的"肚子疼"让老师们有些摸不着头脑，虽不太相信但又怕是真的会耽误孩子看病。

户外活动的时候，我们组织小朋友玩单腿跳接力比赛。快轮到小童了，本以为她会和其他小朋友一样喜欢这个游戏，谁知她突然蹲在地上，用手捂着肚子，表情痛苦地说："老师，我肚子疼。"我赶忙抱起她去了医务室，可医生还没开始询问情况，小童就说不疼了，回班里喝点热水就好。很明显，她是不想参加接力比赛，故意装病的。

　　还有一次上美术课，老师要求小朋友在活动结束之后，每人都把自己的作品交上来，老师统一贴在活动室外面给爸爸妈妈们看。半小时后，小朋友们纷纷交上了自己的作品，只有三个小朋友还在努力地涂色，其中就有小童。过了一会儿我发现小童趴在桌子上不画了，于是走过去问她："小童，你的作品完成了吗？""老师，我肚子疼。"她的表情很难受，让我再一次相信她真的不舒服了，但您没有接到老师的电话，应该可以想到小童又是装病的吧？

　　类似的事情频繁发生，而老师又不能简单判定全是装的，为了不影响小童在幼儿园的正常活动，我们必须尽早帮助她找到装病的原因和解决办法，您说对吗？

　　首先要从上次真的生病说起。小童休息了半个月没上幼儿园，我知道孩子的健康在父母眼里比什么都重要，您一定心疼坏了，所以向公司请了长假，全天陪在小童身边，嘘寒问暖，她想要什么就买什么，想怎么玩就怎么玩，完全不像平时爸爸妈妈工作忙时把她丢给爷爷奶奶的样子。

　　全家人都一改往日的严肃，对小童百般呵护："宝贝，你想吃什么？奶奶去给你买。""乖孙女，把药吃了，爷爷给你买一直想要的芭比娃娃。""宝贝，这个粥凉吗？凉了妈妈去给你热一下。"简直是皇帝般的待遇，如果您是小童，您舍得这样的待遇突然消失吗？

半个月后，小童的病好了，重新被送回幼儿园。而您也开始上班了，一切都像原来一样，小童跟着爷爷、奶奶。

休假后回到公司，您可以很快进入工作状态，但小童不行，她一时无法适应现在妈妈不再全天陪着嘘寒问暖，爷爷不再给她买想要的芭比娃娃，奶奶也只是偶尔才给她做好吃的。到了幼儿园更是和其他小朋友一样，不会受到任何特殊优待，不会被满足所有要求。那怎么办呢？小童很聪明，她竟然想到了装病。

每天午睡之前，小童都说肚子疼，并且能熟练地背出爸爸、妈妈的电话号码，要求老师帮她打电话。我想您一定告诉过她"在幼儿园不舒服了记得告诉老师，让老师给妈妈打电话，妈妈就来接你"或者类似的话吧，孩子是会分析的，只要不舒服妈妈就会来接，于是每天中午都希望老师能拨通妈妈的电话号码。

为了试试小童是不是装病，我故意出去了一会儿，5分钟后回来说已经给您打过电话了，妈妈一会儿会来接她去医院。我还故意允许她不睡觉，穿好衣服坐过来等着。谁知道小童立刻把头扎进被子里，连声说："我肚子不疼了，不用给我妈妈打电话了。""要不再给我妈妈打一个，告诉她别来接我了。"

小童为什么要装病呢？最重要的原因就是健康时和生病时的待遇落差很大，这就容易让小童做出选择，她更喜欢生病的时候。所以，作为我们大人要做到以下几点：

1. 成人要学会控制自己的情绪，在孩子生病期间，尽量不要表现得过度紧张，无条件满足他们的所有要求。

2. 不管孩子生不生病，规则都是要遵守的，平时不买的玩具绝不因为生病而买。

3. 担心孩子的健康可以理解，但是父母能不请假的时候尽量别请假，相信爷爷、奶奶也可以照顾得很好。

让孩子知道，身体不舒服是很正常的事，爸爸妈妈也会不舒服，这没什么大不了，不会因为生病了就受到不一样的待遇。要鼓励孩子坚强，而不是过度的关心、溺爱，使她陶醉在生病的"幸福"里不愿出来，结果就可想而知了。

当小童不舒服的时候，您需要擦亮眼睛快速地做出判断。小孩子再聪明也不会装得很像，只要您够理智，不过度紧张，稍稍观察或试探一下，很轻易就能识破了。比如，小童想让爸爸背着走，故意说累得走不动了，妈妈可以假装很遗憾地告诉她："本来打算带你去逛动物园的，看来你的腿需要休息，今天不能去了。"小童会怎样呢？多半会高兴地跳起来："妈妈，我的腿不累了，您看，我还能蹦呢，我可以去逛动物园！"

总之，小童的"肚子疼"与家人的过度紧张有直接关系，希望全家人互相提醒，不要过度紧张或给予特殊待遇。同时，一定要多关注孩子的心理，及时了解她的小心思，引导她用积极的方式实现愿望，而不是通过装病。

加油小童妈妈！小童会改变的。

也有装病经历的小刘老师

第 16 封信

孩子为什么会"恋物"?

曦曦妈妈:

　　您好。

　　曦曦上幼儿园已经三个月了,虽然姥姥会经常转达您的想法和建议,但仍然存在一些必须直接跟您沟通的问题。我在这封邮件中会详细汇报曦曦三个月来对书包的特殊依恋,可能您还没有注意,希望能从今天开始,您更关注曦曦小小的心灵,别让书包代替了妈妈的爱。

　　看到这里您一定很迷惑吧?这要从三个月前曦曦第一天来幼儿园说起。您工作很忙,曦曦刚四个月就被送到姥姥家抚养。入园之前由于老人缺乏准备意识,也不曾带孩子来参观和了解过幼儿园,秋季班一开班曦曦就直接办手续入园了。

　　当时曦曦背着一个粉色凯蒂猫的书包,很漂亮,为了拉近距离，我还特意问过她："曦曦，你的书包真漂亮，是谁给你买的呀?""是我妈妈给我买的，"曦曦嘴角上扬，笑着告诉我，"妈妈说了，女孩子要背粉色的书包。"看得出来，她特别喜欢您送的入园礼物，里面还装了很多画笔和棒棒糖。可是随后的三个月里，曦曦随时随地都要背着书包，来园时背着，上课时背着，如厕、洗手也背着，就连睡觉也不例外。这期间老师们都曾想办法让曦曦把书包放到衣柜里，您知道，幼儿园的活动很多，背着书包一是不安全，二是行动不方便。可是曦曦的反应很激烈，一开始和她商量她还镇定地坐在那里摇头，渐渐地只要有人一碰她的书包，她立刻就放声痛哭，哪怕前一秒玩得很开心。

午睡时，曦曦总要背着书包上床。无论老师们怎么说，她都始终坚持背着书包睡觉，而且连脱下的鞋子也要抱在怀里。

通常一个小时后，曦曦就睡着了。看到她胸前压着鞋子，书包带也歪了，很不舒服的样子，老师小心翼翼想拿走这些东西给她换个舒服的姿势，谁知道刚一伸手，曦曦立刻就醒了。她猛地一惊，接着哇哇大哭，嘴里模糊不清地喊着："书包，我的书包，这是我的书包，你别动我的书包……"

她怎么会有如此大的反应呢? 后来我认识到，曦曦对书包的依恋，已经不是简单劝说就能改变的了。直到最近的儿童节文艺演出，几次彩排曦曦都是背着书包上场的。正式演出那天由于她仍然不肯放下书包，只能安排在最后面不起眼的位置跳完那支舞。

当时您也在场，也参与了说服曦曦的工作。您觉得像曦曦这样的恋物行为是什么原因造成的呢？为什么她每天都要背着书包并且不离身呢？

这个书包是您给她买的，还亲自装了她喜欢的画笔和棒棒糖。入园以后，身边突然没有了妈妈，连姥姥都离开了，剩下的只有这粉色的书包，是她唯一熟悉的东西，也是唯一能让她联想到妈妈的东西，好像您一直在她身边一样。曦曦想要适应这个环境，希望老师表扬她"上幼儿园不哭"，而她能想出的办法就是依恋这个书包，给自己足够的精神安慰。

在新入园时，不乏小朋友通过使用熟悉的物品来适应新环境，最常见的物品比如毛巾、玩具、衣服等。但是时间久了，如果孩子越来越夸张地依恋某种物品，就应该引起我们的重视，给予必要的帮助，比如曦曦这种情况。

这个问题很大程度上是因为曦曦缺乏安全感，和父母没有建立很好的亲子依恋关系。大部分恋物的孩子会有一些共同点：爸爸妈妈工作忙，孩子很小就跟着老人或保姆生活，父母平时很少陪孩子，缺乏心灵上的沟通；孩子过早单独睡儿童房，等等。

孩子跟着老人和跟着爸爸、妈妈是完全不同的。千万不要以为老人帮忙看孩子自己就轻松了，要知道您的心肝宝贝儿就是这样失去安全感的。要改变曦曦的恋物行为，避免她越来越离不开书包，现在我给您几个建议，相信您会认真配合老师，一起帮助曦曦的。

首先，抽出更多的时间陪陪孩子，给她多一点拥抱，这里说的拥抱一定要无条件的。不能要求曦曦放下书包才肯抱她，也不能说"今天表现不好妈妈不喜欢"就不抱了。要让曦曦知道，妈妈的爱是无条件的，即便她犯了错误妈妈也一样很爱她。

最好妈妈能亲自送曦曦上幼儿园。如果工作忙可以提前送，无论几点，老师们都会在幼儿园门口迎接曦曦的。离开之前抱抱她，告诉她您会第一个来接，无论天气好不好，无论工作忙不忙。这样的承诺会给曦曦足够的安全感，她不需要用书包来替代妈妈的爱，也不用装着几根棒棒糖三个月都不舍得吃了。

另外，如果没有特殊情况，先不要让曦曦单独睡儿童房。依偎在妈妈的怀抱里入睡对孩子来说是最幸福的时刻，当她半夜醒来，睁开眼睛看到妈妈在身边，会无比踏实和安全。不用担心上班早会吵醒孩子，与其看不见妈妈在身边，我想她更愿意能被妈妈吵醒吧。

如果必须分开睡，至少在睡觉之前给孩子点一盏温馨的灯，坐在床头陪着她，讲温暖的睡前故事给她听，让曦曦拉着妈妈的手进入梦乡，半夜她才不容易因做梦而惊醒，不会因黑暗而恐惧。这样一段时间以后，相信妈妈的爱会逐渐替代书包给予的归属感。您说对吗？

记得，千万不要强迫孩子，这时候夺走她的书包就像夺走她的依靠一样。妈妈一定要拿出足够的耐心，用最温暖的怀抱让孩子感受到爱和安全，相信曦曦的幼儿园生活会越来越快乐的，因为她有妈妈满满的爱。加油！

很想给曦曦安全感的小刘老师

第 17 封信

孩子攻击性强怎么办？

扬扬妈妈：

　　您好。

　　扬扬来幼儿园的时候，小朋友们都在做早操了。接过扬扬的蓝色哆啦 A 梦书包，我发现他噘着小嘴，脸憋得通红，看样子又和昨天一样发了一早晨脾气吧？

　　最近扬扬越来越容易发火了，有一点不顺他的意，就大喊大叫，还摔东西，甚至连老师的话也不听，一副我行我素、唯我独尊的架势。其他小朋友都不敢太靠近他，因为若是不小心惹怒了扬扬，那可就"惹祸上身"了，不是被推个大马趴，就是挨上几个"天马流星拳"。他以前可不是这样的呀！

　　孩子有"暴力倾向"，当妈妈的一定比谁都着急，但是您想过扬扬性格暴躁的原因吗？

有一次，您和爸爸提前来接扬扬放学。那天是扬扬的生日，您准备带他到动物园看孔雀，爸爸也一起去，扬扬听了高兴得不得了！这时候爸爸的手机响了，是公司来的电话，可能因为事情太紧急了，爸爸拿过车钥匙，简单说了句"公司有事，不能去动物园了，让妈妈陪扬扬过生日"，就要走。

扬扬会不会失望暂且不说，您听完夺过爸爸的车钥匙就开始大喊："你有什么事儿比儿子过生日还重要啊？公司那么多人不能处理，非得你去吗？打电话，让你们老板换个人，今天陪儿子最重要！"无论爸爸怎么解释，您都不肯让步。几番周折之后，爸爸也忍不了了，就在离幼儿园门口不远的地方，和您吵了起来。

当时您注意到扬扬的反应了吗？他一个人呆呆地站在那里，瞪着刚才还要带自己去动物园的爸爸、妈妈，一脸的委屈和恐惧。事后扬扬告诉我，爸爸、妈妈一定是生他的气了，因为他过生日才会吵架的，以后他再也不想过生日了。

扬扬妈妈，您听到孩子这样说可能会感到心疼吧，爸爸妈妈吵架对孩子来说，打击是很大的。无论你们平时有多爱他，多疼他，无论您的家庭平时有多和睦，都无法抹掉吵架带给孩子的伤害。

父母吵架不仅会伤害孩子幼小的心灵，更严重的是，这会给孩子树立一个坏的榜样，让孩子学会暴躁，遇事喜欢发脾气，而不是耐心分析、解决问题。就像扬扬现在这样，小朋友都不喜欢和他玩了，说扬扬是个"火药桶""定时炸弹"。您一定不愿听到自己的宝贝被这样评价，那么静下来思考一下吧，成人的哪些行为在不经意间给孩子做了坏的榜样，使他脾气暴躁，不讲道理？

其实孩子对事情的处理方式更多是通过父母的言传身教慢慢模仿来的。如果您和扬扬爸爸经常吵架，时间久了，孩子在这样一个环境中长大，自然也就变得暴躁，爱争吵，变成今天这样的脾气就不足为奇了。

您一定想问要改变现在的状况，有没有什么好的办法。当然有，您也先不用太着急，只要用对了方法，扬扬完全可以变回以前那个温和友善的阳光男孩。

对孩子，我们要做到以下两点：

1. 明确告诉他："妈妈不喜欢你大喊大叫，也不喜欢你摔东西。"让扬扬知道妈妈不喜欢他的某些行为。

2. 适当冷处理，不要孩子急了妈妈更急。相信一个人闹是闹不起来的，没人回应他，他自然就好了，只要乱发脾气就会被"忽视"，小家伙都不喜欢被忽视的吧？

对大人，要做到以下三点：

1. 夫妻之间难免磕磕碰碰，谁都不能保证一辈子不吵架不斗嘴，但是请尽量选择避开孩子，不要让孩子看着爸爸妈妈吵架，也不要认为关上房门孩子就听不见，那双小耳朵很灵的；爸爸妈妈的一个表情不对，他都能感觉得到，那双小眼睛很明亮的。

2. 如果非吵架不可，请一定要注意分寸。吵之前深呼吸，不论多生气都绝对不能骂人，不能摔东西。要多表达自己的感受，少指责对方的错误。比如，"我生气是因为想给儿子过生日，而你在这时候要去忙别的"，"我的意思是你可以让老板协调别人去加班，我们尽量把时间给扬扬"。这样不仅能解决大人之间的矛盾，还能让孩子学到处理问题的方法和态度。

3. 万般无奈当着孩子的面吵架了，事后一定记得安抚孩子。可以温柔地对孩子说："妈妈今天和爸爸吵架了，是因为妈妈心情不好，没认真听爸爸的解释，一定吓坏你了吧？别担心，妈妈还是很爱扬扬和爸爸的，爸爸已经原谅妈妈了，扬扬也会原谅妈妈的，对吗？"让孩子知道您生气不是因为他犯了错误，爸爸妈妈仍旧很恩爱，也很爱他，这样才不会对孩子心灵产生坏的影响。

改变孩子先从改变自己开始吧，真心希望您和爸爸能够好好沟通，给扬扬一个和睦幸福的家庭环境，让他在快乐中变得温和、友善。加油，扬扬妈妈！

希望扬扬温和友善的小刘老师

第18封信

宝宝不爱讲幼儿园的事

果果妈妈：

您好。

果果回老家的这一个月，我们都很想念她，小朋友们也经常问起果果，盼着要和她一起玩滑梯、看动画片呢！相信果果一定也很想念幼儿园的生活吧？

您说，果果不像以前那么爱讲幼儿园的事了，问什么都不说话。别着急，这种情况是很普遍的，甚至很多家长反映，他们家的宝贝上幼儿园什么也学不会，一问三不知。看到别的孩子侃侃而谈，就怀疑自己的宝贝智商有问题，比别人慢半拍。

没错，果果以前不是这样的。以前，她喜欢主动讲幼儿园里发生的事：老师教了什么儿歌，小朋友玩了什么游戏，今天有谁得到了小红花，谁帮助她了。可是为什么这次回来就不像以前那样爱表达了呢？

很多小朋友是因为性格内向，本身就不爱说话，但果果显然不是这样。

回想一下，您最近对她在幼儿园的表现有没有表现出过度担心呢？果果一个月没上幼儿园了，再次送回来的时候，您可能会怀疑她的适应能力，怕她受老家的环境影响，一下扭转不过来，多多少少有些担忧，对吧？

我发现您多了一个小习惯：当老师把果果送到您身边时，您总会很紧张地问她："今天在幼儿园适应吗？""小朋友有没有欺负你？""想奶奶时哭了没有？"班里一大半小朋友都被接走了，您还蹲在门口耐心地问孩子呢。

我能理解一个妈妈担心孩子的心情，但是请您也理解一下果果。她刚从老家回来，无论是因为不适应环境还是因为思念奶奶，有些不情愿地上了一天幼儿园，好不容易看到妈妈了，如果把您换成果果，这时候最想要什么呢？一定是妈妈温暖的怀抱，享受和家人在一起的幸福吧？而您却急切地问一堆幼儿园的问题，孩子不想回答也是很正常的。

另外，再看看您问的问题吧："小朋友有没有欺负你？""想奶奶时哭了没有？"如果您是果果，有人问您这样的问题，您的脑海中会浮现怎样的情景呢？小朋友抢了你的玩具，老师没发给你小红花，中午睡觉时哭了……这些全是不美好的回忆。越是引导她回忆这些，她就越是觉得委屈难过不想说话。

那么怎样才能让孩子开开心心地讲幼儿园的事呢？给您支个招，很简单，保证不需要焦急地一问再问。

首先要相信老师。父母对孩子在幼儿园的一日生活尽量不要过度担心和紧张。父母不停地问孩子只能给孩子很糟的消极暗示。

想知道孩子每天在幼儿园的情况其实不需要逼问，有两种方法：

1. 关注幼儿园的家园联系栏，上面会详细记录孩子一周的活动安排，以及需要家长做哪方面的配合。

2. 把家庭成员召集起来，一起陪孩子玩"幼儿园"的游戏。没错，让孩子扮演老师，其他人坐成一排，模仿老师上课的情景。

孩子是不会讲课的，她会的就是模仿老师。白天老师怎么做的，她就会照着表演出来。千万不要小看孩子的模仿能力，有时候连老师的小动作他们都模仿得有模有样，大人只需要配合她"上课"就好了。让孩子在家人的陪伴下，快乐地表演幼儿园里发生的事，绝对好过一句又一句的追问。

另外，若真想了解孩子在幼儿园的情况，请尽量聊些积极的话题。比如，"小朋友一定特别想念你吧？""老师看到你回来了，是不是很开心？"引导孩子回忆快乐的事情，而不是有意或无意让她想到委屈和压抑的事情。

多给孩子一点重新适应的时间，相信果果一定会像以前一样，乐于"汇报"幼儿园的生活！加油，果果妈妈！

希望果果尽快重新适应的小刘老师

第 19 封信

说谎是因为想得到

岩岩妈妈：

您好。

好几次您都跟我反映，最近岩岩学会说谎了。老师们观察了几天，他也确实会说出一些与现实不符的事。但是小孩子说谎的原因有很多，不能只听几句不符合现实的话就给孩子贴上"不诚实"的标签。

您知道，岩岩最害怕打针了，一听要打针马上就说病好了。很奇怪今天中午睡觉的时候，小家伙竟然一反常态，主动要求量体温，说他生病还没好呢。那他不怕打针了吗？您一定记得早晨您送岩岩上幼儿园的时候说过什么。您说："难受的时候告诉老师，妈妈就会来接你了。"岩岩太希望您接他回家了，于是谎称身体不舒服，非要我给他量体温。结果是可以预料的，不管体温计显示几度，他都会哭闹着说自己发烧了，要老师给妈妈打电话。

您听完又该生气了。我知道，您不希望孩子从小就做个爱撒谎的"放羊的孩子"。但是尚处在幼儿期的岩岩还没有"说谎"的概念，他不知道自己的行为是在说谎，充其量就是想达到某种目的，并且这种说谎的行为也是受您一句话的影响才产生的。

很惊讶吧？您这么不希望孩子说谎，又怎么会去影响他说谎？是的，我只能告诉您，早晨您的那一句话起了很关键的作用。您告诉他"只要发烧妈妈就会来接"，他的小脑瓜分不清对错是非，太想回家，所以就说了谎。

类似的事情还有很多，同班的乐乐小朋友和我是邻居，有一次我们一起在楼下乘凉，刚好那天是我家孩子的生日，乐乐妈妈送给我家孩子一个精美的生日礼物，还说："做阿姨的，给你庆祝生日是应该的。"从那以后，乐乐每次见到熟人，都会说那天是自己的生日，乐乐妈妈在旁边听着很尴尬，回家就把乐乐训一顿，认为她说谎话，不是个好孩子。

作为旁观者，您是不是一眼就能看出问题出在哪里？乐乐妈妈说"做阿姨的，给你庆祝生日是应该的"，乐乐太希望有阿姨给她送生日礼物了，才每次看到熟人都说那天是自己的生日。像岩岩和乐乐这种情况，都属于无意说谎，年龄决定了他们并不能分清现实的和想象的，当他们特别想要什么东西时，就会想象成已经拥有了，并通过"谎言"把它变成现实，这是他们的年龄特点决定的。

我小的时候，每次生病爷爷都会买冰糖葫芦给我吃。他说小孩子生病时容易没胃口，吃山楂是开胃的。但是当我病好了，又想吃冰糖葫芦的时候，爷爷就说什么也不给我买了，那时候冰糖葫芦似乎很贵，谁家的孩子都不会每天吃。慢慢地，我发现了爷爷的小秘密，就是他会在我生病的时候主动买给我。

接下来的日子，我"生病"的次数越来越多了，动不动就肚子疼、没胃口，好几次都被爷爷揭穿，当众训斥我，说我是个说谎话的孩子。那时候我多想告诉周围的人，我没有说谎。我多么希望有一个人能理解我，告诉爷爷我只是太想吃冰糖葫芦了，我不是坏孩子。后来爷爷去世了，我一直以为他这一生都没有原谅我说过的"谎话"。

所以，岩岩妈妈，遇事先不要忙着责备，不要随便给孩子贴标签，也不必表现得太过紧张。要相信您的宝贝，他"说谎"是有原因的。所有谎言都源于他分不清现实和想象，太想实现自己的小愿望了。他需要妈妈的理解。

希望您能参考下面几条建议，先从改变自己的言行开始，慢慢帮孩子分清什么是现实的，什么是想象的。

1. 不要给孩子承诺美好的前景，尤其是他经过努力也不容易做到的事情。比如，对孩子承诺："只要今天得到三朵小红花，妈妈就给你买最喜欢的玩具。"如果孩子没有得到三朵小红花，却仍然想要新玩具，或者说，在他想象的世界里，他早已经得到三朵小红花了，怎么办呢？只有"说谎"。

2. 平时多引导，让小家伙分清什么是现实的，什么是想象的，鼓励他说出真实想法。比如，岩岩看到幼儿园的玩具飞机特别喜欢，就想象那是自己的，抱回了家。这时候您需要告诉他："妈妈知道你很喜欢这个飞机，但这不是你的，是你从幼儿园带回来的，对不对？答应妈妈，明天送回去。如果你很喜欢，爸爸妈妈可以给你买一个新的。"

3. 不要随便给孩子贴标签，说他不诚实，也不要开口闭口就用"再说谎就不要你了"来威胁孩子，这样孩子会觉得委屈，慢慢地还会赌气、逆反，以至于真的变成您所不希望看到的样子了。

　　总之，岩岩的行为还不属于有意说谎，只要多观察，多引导，他会分清现实和想象的，自然不会"撒谎"了。

"火眼金睛"的小刘老师

第 20 封信

说谎是为了逃避惩罚

佳宜妈妈：

　　您好。

　　昨天下午佳宜带了幼儿园的玩具回家，还告诉您"这是小刘老师奖励给我的"。您一定是被小家伙幸福的表情迷惑了吧？直到今天送佳宜来幼儿园您还在夸她，让她谢谢老师奖励玩具。

　　刚开始我有点摸不着头脑，当看到佳宜胆怯地低下头，往后退了一步，就全明白了。您留下来问清了事情经过，知道我并没有奖励她玩具，一定特别生气。我想，您更多的是担心吧？您实在不敢相信佳宜竟然编瞎话骗您！

　　中午佳宜没有睡午觉，一个人在图书角看书。您知道她看的是哪本书吗？是《手捧空花盆的孩子》，显然她能认识到自己做错了事。我蹲下来问她："你很希望做一个手捧空花盆的孩子，对不对？能不能告诉老师，你昨天为什么那样做？"

她看着我，好久才开口说话。昨天她拿了那个玩具，是因为前几天在超市看到一个类似的，您没有给她买。她说只是太喜欢了，借回去玩一天就会还给老师的，而她真的已经还了。佳宜觉得，如果您知道她偷偷拿了幼儿园的玩具，肯定会"打"她的，并且她只玩一天就会还给幼儿园，和没有拿过一样。说谎可能是最好的逃避"挨打"的办法，这应该算是被逼出来的吧？

记得有一次，佳宜爸爸早晨送她上幼儿园时，看到了贴在班门口的表扬榜。有些小朋友每天都能得到小红花，攒够十朵还能得到老师奖励的荧光笔，佳宜爸爸当时说了句："如果你的照片也能上表扬榜，爸爸就带你去海洋馆！"海洋馆是佳宜最喜欢的地方，但要得到超过三朵小红花自己的照片才能贴上表扬榜。于是佳宜说谎了。她只是很想去海洋馆，爸爸很轻易地识破了她的谎言。接下来，我认为爸爸应该温和地问问佳宜，为什么要骗爸爸说她已经得到三朵小红花了，然后耐心地告诉她："爸爸知道你很想去海洋馆，但是你必须靠自己的努力去实现，从小朋友那里拿来的不是光荣的小红花，海洋馆的鱼宝宝们不会喜欢的。"并慢慢地鼓励她说出实话，而不是一识破就大发雷霆。

但实际上，佳宜爸爸急了，觉得在很多家长面前自己很丢面子，于是越来越大声地训斥佳宜："说！小红花从哪儿拿来的？""是……老师给我的。""哪个老师给你的？走，去找老师问问！""就是老师给我的！""老师为什么奖励你？""我今天表现好，睡觉没有说话，还帮助老师收杯子……"

事实上那天老师并没有奖励给佳宜小红花，她所说的那些优秀表现也并不属实。比起她为了去海洋馆而说谎，之后的这些显然更像是有意说谎。您是了解佳宜的，如果爸爸识破佳宜说谎的时候没有严厉训斥，而是很温和地表示理解并给她鼓励，佳宜还会继续说谎吗？"说谎"是一种自我保护，佳宜只是为了逃避惩罚而不得不这样做。爸爸的严厉本是为了让佳宜长记性，谁料却使得她继续说谎。

好了，现在情况很清楚，由于爸爸、妈妈的某些教育方式让孩子感到恐惧，为了逃避"挨打"，孩子才选择说谎。那么佳宜妈妈，我们是不是应该从改变教育观念下手，帮佳宜成为一个"手捧空花盆的孩子"呢？

首先，您和佳宜爸爸要注意平时的教育方式，不要让孩子觉得犯了错误就会被训斥和打骂。要让您的小公主相信，爸爸妈妈很讲道理，只要犯了错误肯承认，爸爸妈妈还会很爱她。要消除她的恐惧，引导她把心里话说出来，而不是憋在心里自己出主意。小孩子出不了多高明的主意，说谎估计是她能想到的最好的办法了。

其次，您肯定想问："如果态度够温和了，也不会训斥她，小家伙仍然不肯说实话该怎么办呢？"那您可别失去了耐心，暂时由她吧，逼得越紧，编谎话就会越多。可以告诉她，不喜欢说可以先不说，等什么时候想说了，爸爸妈妈非常愿意听。而且无论她做了什么，爸爸妈妈都会原谅她。

最后您跟佳宜爸爸要以身作则，小家伙最擅长的就是模仿。关键是父母对待说谎的态度要绝对一致，要不孩子是会归类的，在孩子眼里，爸爸和妈妈都是家长。如果爸爸教育方式粗暴，那么在她的心里，妈妈和爸爸是一样的。您表现得再尊重她，她仍然会因为怕"挨打"而说谎。

请您放心，我已经真的把玩具奖励给了佳宜，因为她主动对老师承认了错误。往后，如果佳宜肯说出实话，您一定要及时表扬她，相信她是个诚实的孩子。

也曾为逃避惩罚说过谎的小刘老师

第 21 封信

您在做，孩子在学

帅帅妈妈：

　　您好。

　　早晨帅帅没上幼儿园，我刚想打电话问问您他是不是身体不舒服，您的"投诉"电话就打过来了。说实话，您"投诉"的事情让我非常吃惊，帅帅怎么会说老师打他呢？

　　这件事我调查过了，没有任何一个老师动手打过帅帅。作为幼儿教育工作者，老师们都有基本的职业道德，是不可能打孩子的。当您听到这件事并不像帅帅说的那样，看得出您很气愤。但是帅帅妈妈，每个孩子开始都是不会说谎的，如果这种谎话不是一次两次了，我想您应该好好观察一下，生活中的哪些事情影响了他。

　　记得有一次，您刚抱着帅帅进了幼儿园，手机就响个不停。

没猜错的话，那个电话您是不想接的，于是您假装热情地按了接听键，告诉对方您在出差，实在不方便接，到公司再给对方回电话。您还记得吧？没关系，这种事太正常了，我们都有过类似的经历，并习惯称之为善意的谎言，感觉只有这样才能名正言顺地不接电话，还不得罪客户，两全齐美。

但您身边的帅帅是不理解的，他不知道对方是谁，发生了什么事，但他绝对知道妈妈没有出差。妈妈明明在说谎，从妈妈脸上的表情和最后那句"合作愉快"中，他分明感觉到说谎是件好事啊。

帅帅会怎么想呢？他一定认为说谎是被允许的，至少他的妈妈就在说谎。

生活中，我们都多少说过这样的谎。周末，朋友约我参加生日聚会，我不想去，于是谎称要陪孩子上特长班，这招的确很灵。但是孩子知道，他并没有报特长班，妈妈为什么要说谎？是不是遇到不喜欢做的事，就可以用说谎来逃避呢？

慢慢地我发现，我家孩子也学会说谎了。有次我带他去舅舅家玩，临走时让他把弟弟的玩具放回去，结果他一边告诉我放回去了，一边偷偷把玩具装进自己的衣兜带回了家。他这是有意说谎，明知道这样做不对，却还是做了，最后用我们"教"他的方法，给了我一个"善意的谎言"！

所以，是成人给孩子做了说谎的榜样，让孩子错误地认为，只要说谎就可以办到很多事。

帅帅也是这样的，他不想上幼儿园，回家干脆告诉您老师打他了。您是那么心疼孩子，这件事不解决肯定不会送他上幼儿园。那么，小家伙的目的也就顺利达到了：既不上幼儿园，又得到妈妈的支持，两全其美，不是吗？

还有一次，您应该记得，前段时间帅帅一回到家就吵着要去买皮球，说是老师布置的作业，第二天每个小朋友都要带一个圆圆的皮球。您很轻易地相信了，因为那段时间幼儿园一直在学图形，差不多也该学到圆形了。买了皮球的第三天，您在放学的时候发现只有帅帅一个人抱着皮球，其他小朋友都没有。

意识到帅帅说谎，您严厉地质问他。很意外的是，帅帅竟然没有脸红地低下头，反而很神气地说："我才没有骗人，妈妈不也告诉过爸爸，那件大衣是借同事的吗？"帅帅竟然觉得说谎是正常的，还那么理所当然。您反思过其中的原因吗？

孩子还小，行为一般都是以模仿为主，而爸爸妈妈是他第一个模仿的对象。从自己做起，给帅帅树立一个好的榜样吧。下面的心得是我教育自己孩子的时候总结出来的，您可以做个参考。

1. 爸爸妈妈要言而有信。答应孩子的事情，一定要做到，不能让孩子觉得爸爸妈妈骗他。比如，第一天送孩子上幼儿园时，他哭闹着不让您走，于是您谎称去给他买糖，一会儿就上来。结果孩子一等就是一整天。（如果答应买糖就一定要买，然后告诉孩子，吃完糖要乖乖上幼儿园，等着妈妈下午来接，不能一去不回。）

2. 成人的社会关系很复杂，难免要靠一些"善意的谎言"来应对。如果谎话非说不可，一定要避开孩子。别以为小孩子什么都不懂，更不能拿孩子来做挡箭牌。因为这等于在给他做示范，不受影响几乎是不可能的。

3. 如果帅帅说谎是因为不愿意上幼儿园，我们需要家长配合，搞清楚他不上幼儿园的真正原因，然后再从根本上解决问题。让帅帅知道，说谎并不能逃避上幼儿园。（如果他说出了原因，肯承认错误，就一定要及时给予表扬，不能抓住不放。）

4. 至于老师是不是打了帅帅，我的调查结果是没有。我知道，家长心里可能会认为，所有老师都不会承认打孩子。但我们是成年人，有足够的智慧，一般遇到老师说的和孩子说的不一样时，最好的办法并不是投诉，而是利用我们的智慧，通过观察和了解，逐渐弄清楚事实真相，而无论真相怎样，都不要当着孩子的面质问老师，这对孩子的成长绝没有好处。

最后，要根据原因找方法，拿出足够的耐心来解决问题，千万不要训斥孩子，要相信帅帅是个诚实的好孩子。

会给小朋友树立榜样的小刘老师

第 22 封信

面对孩子的虚荣心

扬扬妈妈：

您好。

扬扬最近表现得很不错，比前段时间更有上进心了，经常会努力做点什么以获得老师的表扬和奖励。只是有一点，令您也令老师们有点犯愁，用您的话说："扬扬以前从不故意说谎，上了一段时间幼儿园之后，竟然喜欢习惯性地说谎了。"

那天您把扬扬从幼儿园接回家，扬扬兴奋地告诉您："老师今天表扬我了，说我回答问题第一名，还奖励给我两朵小红花，是两朵哦！"他说得津津有味，您听着更是乐开了花，可当您问到小红花在哪儿时，扬扬的眼神一下又变得游离了。

很明显，他在说谎，根本没有小红花。

昨天爸爸很晚才送扬扬来幼儿园，小朋友都在安静地听老师讲故事了。扬扬走进来时，小贾问他："你为什么现在才来？小刘老师讲的故事你都没听到。"扬扬看了看我，然后很神气地对小贾说："今天妈妈带我和哥哥去欢乐谷玩，我哥哥是个警察，可厉害了。"

小朋友们一听说扬扬的哥哥是警察，都向他投去崇拜的目光。可是扬扬哪里有哥哥啊？就算有，也不可能到了当警察的年龄，欢乐谷也不会这么早就开门。虽然我能确定他并不是真的去了欢乐谷，但可以确定他此刻是很满足很幸福的，头顶好像笼罩着一圈圈光环，闪闪发亮，小朋友们都很羡慕他。

每个人都有虚荣心，不论男人、女人、老人还是孩子。虚荣心是一种扭曲的自尊心，是一种性格缺陷。扬扬的表现，自然也是他小小的虚荣心在捣鬼。

您一定会有疑问，扬扬只是幼儿园小班的孩子，哪来的虚荣心？没错，我们总认为小孩子简简单单，没有成年人那些复杂的情感，其实不是的。

记得我自己小时候，每次和妹妹斗嘴都会说："你等着，我去找我的警察叔叔来！"她也从不示弱："没关系，我有好几个警察叔叔，比你叔叔厉害多了！"

我们都认为，家里有个当警察的叔叔是件无比光荣的事，别的小伙伴听了应该也会羡慕得不得了吧？重要的是，谁都不敢欺负我们了。

扬扬也是，他希望自己很厉害，希望妈妈表扬他，小朋友崇拜他，这是很正常的心理。

而我不得不说，这些小小的虚荣和谎言，很大一部分都是受了大人的影响。

您可能想说，成年人生活在复杂的社会里，不可能完全回避这种虚荣的社交。以下是我给您的几点建议，希望有用。

1. 父母要给孩子树立好榜样，不攀比，不炫耀，尤其不要在孩子的穿着上投资，去满足自己的面子需求。（很多家长都是这样做的，似乎孩子穿的玩的怎么样，直接代表了大人的经济实力和社会地位。）

2. "望子成龙"要注意尺度。每位父母都希望自己的宝贝是神童，即便不是，也要努力培养，争取强过别人家的小孩。不能说这完全无益，但过度拿孩子的成绩与别人家孩子进行比较，就可能让小家伙学会攀比，争强好胜。

3. 不需要什么都给孩子最好的。小孩子衣服弄脏弄破、玩具摔坏弄丢是常有的事，不需要买太贵的，这样不仅能减少攀比，孩子玩起来也不用小心翼翼。

4. 每个人都不是万能的，有很多事情做不到。别让孩子认为自己什么都比别人强，以后一旦做不到，孩子可能就会接受不了没有光环的自己。要让孩子明白，被别人比下去并不丢人，肯虚心学习就是最棒的！

5. 发现孩子为了满足虚荣心而说谎时，不要急着训斥，毕竟他的目的是希望自己很优秀，这是积极的想法。父母要耐心引导，让孩子学会纵向比较，和昨天的自己比，不断超越，这比超越别人更值得自豪！

相信人人都有虚荣心的小刘老师

第23封信

孩子爱打小报告是怎么回事？

涵涵妈妈：

您好。

看到您在留言上说，涵涵最近总是打小报告，像个特务一样监视着妹妹的一切，稍微有点儿哪怕不起眼的小情况，都会立刻报告给您或她爸爸。有时候妹妹吃饭掉了一粒米，几分钟之内全家人就都知道了。这个爱打小报告的涵涵，活像一名小特务，全家人没少发愁吧？

涵涵在幼儿园也有类似的情况，对班里的事情比谁都"负责任"，有任何风吹草动都会第一时间跑去向老师汇报，一脸认真的样子。比如，豆豆把水洒在衣服上了，悦悦撞到小迪没说对不起，洋洋看见老师不打招呼，子琪书包里带好吃的了，等等。

我能理解您的心情，怕涵涵继续下去会养成习惯，怕这样的性格容易被孤立，参加工作后不受同事欢迎。其实，爱告状的孩子不只涵涵一个，您不用太过紧张，我们先来分析一下原因。

从涵涵出生，她一直是家里的宝贝，爸爸妈妈和爷爷奶奶每天围着她转，要什么买什么，想去哪儿就去哪儿，这个家里她才是最重要的。可是后来您生了妹妹，涵涵也大一点了，家人所有的注意力都转移到了妹妹身上。给妹妹买玩具，给妹妹做好吃的，夸妹妹可爱，还要求涵涵让着妹妹。可是您想过吗？如果换成您，是不是也会和涵涵一样，觉得妹妹抢了自己的东西，认为自己已经不是家里最重要的人了？

为了夺回属于自己的宠爱，涵涵非常努力地做好每件事，事实上她做得的确很棒。这时候您是不是忽略了她的心情，没有及时肯定她呢？无论表现多好，妈妈所有的注意力依然在妹妹身上，这对涵涵来说是不公平的。

所以，她开始留意妹妹做错的事，时时刻刻向您汇报妹妹的不好。就像您说的，掉一颗米粒也会在几分钟之内让全家人都知道。而她只是想告诉您，好孩子不只妹妹一个，她的表现比妹妹还要好呢！

记得有一次，您抱着妹妹来送涵涵上幼儿园，老师们第一次看到妹妹，纷纷夸她长得漂亮，您的脸上乐开了花，别提多高兴了，一定没注意站在一边的涵涵，她的脸上渐渐失去笑容，都没说"妈妈再见"就走进了活动室。

直到下午的语言活动中，老师讲了一则名叫《我爱我家》的小故事，其中一个环节是让小朋友上前介绍自己的家庭成员，并大声表达对他们的爱。您知道涵涵是如何介绍的吗？她说："我家里有爸爸、妈妈还有我，我爱我的爸爸妈妈！"咦？妹妹呢？这个小糊涂，竟然把漂亮的妹妹落下了。"涵涵，你家里只有三口人吗？再想一想，有没有丢掉谁？""没有，我家里只有爸爸、妈妈和我！"涵涵斩钉截铁地回答。

我很奇怪，顺势问了下去："老师知道，你还有个可爱的小妹妹……""不对，不对，我没有妹妹，我妈妈只有我！"涵涵打断了我，她明显有些气愤。

活动结束后我单独找她聊了。您知道吗？您的小公主，她小小的心里装满了抱怨。她不明白为什么妈妈突然不爱她了，曾经属于她的一切，现在却被另一个小孩儿全部霸占了，所有人都在夸那个小孩儿漂亮，难道她就不漂亮吗？她希望回到以前，只有爸爸、妈妈和涵涵的日子。

接着，在家里得不到宠爱的涵涵，就把希望寄托在幼儿园，想让老师代替妈妈重视她，重新找回只有她自己最重要的优越感。告其他小朋友的状就是其中一种方法，她并不是真的想让老师批评谁——如果我批评了小朋友，她还会过来求情。

这样说不难理解吧？当然还可能有其他原因，需要您多关注涵涵才会知道。以下是我给您的几条小建议，相信您会尝试的。

1. 在照顾妹妹的同时，不要忽略了涵涵（最好保证每天陪她聊聊天、做游戏）。让涵涵知道，虽然妈妈生了妹妹，但是爸爸妈妈还和以前一样爱她，她和妹妹都是家里最重要的人，只是妹妹还很小，需要更多的照顾。

2. 涵涵打小报告时，先了解情况，然后引导涵涵自己去解决。和她一起讨论妹妹掉饭粒了应该怎么办，鼓励她帮助妹妹擦干净桌子，教妹妹不掉饭粒的技巧。只有自己会解决问题，才不会事事依靠告状。

3. 让涵涵知道，每个小朋友都有自己的优点，也都会犯错误，不要去放大别人的错误来彰显自己的优秀。爸爸妈妈可以做个表率，看见对的事情就表扬，犯错误了先包容，让涵涵从父母身上学到更多处理问题的方法，就不会只依赖告状了。

另外，涵涵还小，很多事情都不知道怎么解决，爱打小报告这件事从另一个角度来说，也是积极解决问题的表现。这种积极的态度值得鼓励，您只要多引导，告诉涵涵，还有很多方法比打小报告更能解决问题。

最后向您透露一下，今天涵涵找我告状，说妈妈买了一个穿红裙子的洋娃娃送给了妹妹。您是不是好久没有买过玩具给涵涵了呢？

为涵涵申请洋娃娃的小刘老师

第 24 封信

孩子爱搞破坏都有原因

阿泽妈妈：

您好。

阿泽一直是奶奶接送的，昨天您亲自送他，还跟老师说了一些阿泽在家的表现。其实您早就应该亲自接送，这样有问题也方便咱们随时沟通，了解孩子在家和幼儿园的表现，就不至于发现问题严重了才想到解决。

言归正传，您说阿泽特别爱搞破坏，晚上回到家一分钟都别指望他能安静下来，把整洁的房间翻得乱七八糟，玩具扔得满地都是。有时候正看着电视，突然就把遥控器摔坏了，还大哭大叫，非让您半夜去买新的遥控器不可。

听您称呼阿泽为"破坏大王"，我基本上可以想到他在家里令人头疼的表现了。

其实，小孩子搞破坏并不是件稀奇的事，每个破坏行为的背后，都有一个可以理解的原因。我们不能只看到问题表面就轻易给孩子下定义，不被理解只会使他们越来越叛逆。

中二班有个小朋友叫凡凡，别看是个女孩，"破坏功力"一点都不比男孩差。她最喜欢突然把幼儿园的玩具摔在地上，或把老师的教案撕得粉碎，然后很有成就感地站在一边哈哈大笑，有时甚至偷偷在老师的教案本里放毛毛虫。您一定认为这样的孩子都欠管教吧？的确没人会喜欢到处搞破坏的小朋友，但您可能没研究过藏在这种行为背后的原因，也许错不在孩子，而在我们。

有一次吃过午饭，凡凡跟在正收拾餐具的老师后面不停地问："老师，让我帮你收拾勺子吧？""老师，让我帮你收拾碗吧？""老师，就让我帮你吧，好吗？"可能当时太忙了，老师并没有注意到她，只是简单催促了一句："站在这里干什么？赶紧去小便洗手。"

凡凡坚持跟在后面，自言自语："老师，我想帮你收拾勺子。""老师，我就帮你收拾一个勺子，行吗？"说了一会儿之后，她突然离开了，一个人跑到拼插区，把整整两筐拼插玩具重重地摔在地上，并大笑不止，好像听了一个极好笑的笑话。小朋友们都过来了，纷纷找那位老师告状："老师，不好了，您看凡凡把玩具摔得满地都是！"

没错，老师第一反应肯定是气愤。午睡前是一天中最忙的时候，小朋友不仅不乖乖睡觉，还把刚收拾好的玩具扔得满地都是，这样添乱老师怎能不气愤？那位老师的表情很严肃，凡凡也不再大笑，她小声说着："我想帮你收拾勺子和碗……"这位老师恍然大悟，原来自己先忽略了她，她才用破坏玩具的方式来吸引自己注意。如果刚才接受她的帮助并表扬了她，凡凡还会去摔玩具吗？

其实，阿泽也一样。

当您深夜还在加班，很需要安静时却被阿泽摔东西、砸桌子的声音打扰了，您一定是满腔怒火，大发雷霆。

我想这样一定没效果吧？甚至阿泽还会越来越闹，因为您并没有找到阿泽搞破坏的真正原因。和凡凡一样，阿泽是觉得您忽略了他，他想引起您的注意，而他能想到的办法就是不停地"干坏事"。

作为妈妈，您比谁都想陪在孩子身边，比谁都希望阿泽有个快乐幸福的童年。所以您拼命工作，想给他尽可能好的物质生活，但是阿泽也这样想吗？他的幸福其实很简单，就是能依偎在妈妈怀里，听妈妈说说话，亲亲他的额头。所以再忙也要抽出时间陪孩子，尤其在他需要您陪的时候，不要先忽略了孩子的感受，再去斥责他的行为。

想让阿泽不做"破坏大王"办法很简单，以下是老师们总结的建议，请根据情况作为参考。

1. 多陪陪阿泽，不要忽略了他的感受。始终相信孩子的每一种行为背后都是有原因的，遇事不要急于斥责孩子，先考虑自己是不是忽略了他，给他一个温柔的拥抱，陪他玩玩游戏，并用平和的语气引导他说出搞破坏的原因。

2. 如果阿泽经常拆坏您的手表，或者把您订的周刊撕得粉碎，不要生气发火，那是他有强烈的好奇心和创造力的表现。他想知道手表里面到底有什么神奇的东西，可以让指针不停地转；他觉得杂志撕碎了扔起来很像飘落的雪花，漫天飞舞很漂亮。这种好奇心和创造力对孩子以后的成长意义非凡，不要因为小小的损失和麻烦，就去毁了它。

3. 可以精心挑选一些适合阿泽的玩具。比如，变形金刚、拆装车等，满足他拆装的欲望，并适时教会他什么东西可以拆，什么东西不能拆。引导他开动脑筋，记住拆的过程，想办法复原。有了这样的几套拆装玩具，小家伙便不会到处"搞破坏"拆您的手表了。

4. 多准备一些废旧报纸，让阿泽尽情地撕吧。看到大人用纸做了什么东西时，孩子也会想试试，妈妈可以做到的他也一定可以。当他把一张张普通的纸变成雪花、飞机、小鱼的时候，不要责怪他把家里弄得又脏又乱，我想您不介意为孩子多付出点劳动，以换取他宝贵的创造力吧？

如果做了这些阿泽仍然会发脾气，我们可以耐着性子审视一下：给他的玩具是不是太简单或者太难呢？太简单的玩具男孩一般不爱玩，没有挑战性；而太难的又会有挫败感，屡次尝试都不成功时很容易使劲摔在一边，甚至故意弄坏。这很考验妈妈的功力，玩具的难度要"跳一跳，够得着"。相信您的每一份细心，都会换来不一样的效果。

对于爱搞破坏的小家伙，问题产生的原因和解决方法都有很多种，需要父母在生活中耐心观察总结，同时多和老师沟通，用理解代替满腔怒火。

相信孩子的行为都有原因的小刘老师

第25封信

小孩子还没有"偷东西"的概念

田田妈妈：

您好。

早晨您和田田爸爸离开后，田田哭了一上午，原因是他偷偷拿了幼儿园的玩具并拒绝还回来，您拉着他走进活动室，大声训斥了他。我非常理解您当时的愤怒，每个妈妈都不希望自己的宝贝被人说成"小偷"，才四岁就会偷东西了，长大还怎么得了？曾经我也和您一样，对这种事持失望和愤怒的态度。

但是无论如何，我想请您先平复一下情绪。要知道对于孩子来说，这并不算多严重的问题，反而您的愤怒和训斥，会让问题变得真的严重了。

前段时间我发现拼插区经常会莫名其妙地少玩具，小朋友都说不知道，但玩具不会无缘无故地消失。在我的提议下，老师们轮流观察了半个月，一是搞清楚玩具的去向，二是给拿走玩具的小朋友一个还回来的机会。

周三我就注意到田田了，我试着单独找他聊天，小家伙的原话是这样的：

"我没有偷东西，我只是喜欢玩积木。"

"那你拿走了别的小朋友怎么玩呀？"

"他们可以喜欢别的玩具，这个是我喜欢的。"

"答应老师，带回家玩一天，明天还回来好不好？"

他看着我，极不情愿地点点头。

接下来的几天我因外出培训不在幼儿园，又没有其他人知道这个秘密，田田索性一直没有履行承诺，直到被您发现。这种情况在幼儿园其实不少见，妈妈一定要稳定情绪，千万别大声训斥孩子："谁教你偷东西的？这么小就学会做小偷了！"要知道孩子偷拿幼儿园或其他人的物品，和成人所谓的盗窃是完全不同的。

首先，他们还小，对归属权没有很明确的概念，有时候会分不清"自己的""别人的"和"幼儿园的"，常常因为喜欢就把不属于自己的东西占为己有，这不是主观意识上的盗窃，也不能被列入道德问题。

其次，孩子的自控能力差，即便知道某件物品不是自己的，由于太喜欢或者没玩够而依然会选择在未经允许的情况下偷偷拿走。之后明明应该归还，却控制不住自己，强烈的占有欲使他们不愿意松开手。

这是孩子的年龄特点决定的，每个小朋友都会经历归属权模糊的阶段，妈妈不要急于发火。您的训斥除了让孩子委屈痛苦不会有任何效果，而孩子也不一定理解妈妈愤怒的原因。

正确的做法是：控制好情绪，心平气和地跟孩子交流，问问他拿别人东西的原因，再去考虑如何解决。

您是不是想说："偷别人的东西还有什么原因？只要偷了就不对！"是的，偷东西是不对，但田田拿幼儿园的玩具一定是有原因的，通常有以下几种可能：

1. 他真的很喜欢这个玩具。

2. 在幼儿园没玩够，晚上回家还想玩一会儿。

3. 一直想要这种玩具，但是父母不给买。

4. 看到别的小朋友都有，自己也想要。

只有真正了解了孩子"偷拿"的原因，才能找到最好的解决办法，您说对吗？除了归属权概念模糊和自控能力差之外，刚刚提到的第三点最不可忽视：他一直想要这种玩具，但是父母不给买。这是导致孩子做出偷拿行为很重要的一个原因。

您一向不主张溺爱孩子，也要求家里的其他人理性爱孩子，绝不能"要什么买什么"。这样做确实没错，但也不要忽略了孩子的内心需求，田田习惯了妈妈不给买玩具，不代表他真的不想要。

之前好几次，田田都拿了其他小朋友的东西，一块橡皮或者一支画笔，再或者一颗掉下来的纽扣……我想您真的应该问问原因。

当孩子有合理要求的时候，我们作为家长应该适度地满足孩子，不要让小家伙有心理饥渴。

当然，作为妈妈，您也完全有能力帮助孩子纠正不良行为。以下给您几个建议，希望您从这一刻开始，做真正懂孩子的好妈妈。

1. 帮助田田分清物品的归属，告诉他什么是自己的，什么是别人的。这一点可以从家庭成员开始，属于爸爸、妈妈的东西田田不可以随便拿，要经过同意才行，同样，爸爸、妈妈也不随便动田田的东西。

2. 建立一种规则，拿别人的东西要经过允许，并且要按时归还。可以通过角色游戏让田田多体验这种规则，比如，玩"好借好还"的游戏，爸爸妈妈去借田田的玩具，多使用礼貌用语"我可以借一下你的玩具吗？""你的积木真漂亮，我用图画书跟你交换可以吗？""谢谢你借给我的娃娃，我一会儿就会还给你的"，别忘了说"谢谢"。之后再调换角色，让田田去借，引导他礼貌地征求对方允许，并按时归还。

3. 了解田田的合理需求，只要不过分，尽量满足。告诉他，想要的东西可以找妈妈商量，只要是该买的妈妈一定会买给他。让孩子明白，喜欢一样东西不一定要去拿别人的，还有更好的办法。

4. 控制情绪，不要愤怒，更不要过早地给孩子贴标签。当发现田田偷拿东西的时候，应心平气和地问清楚原因，找对方法，慢慢引导，千万不要再当着所有小朋友和老师的面训斥孩子了。这不仅解决不了问题，还会伤了他小小的自尊心，甚至会强化他偷拿东西的行为。

最后，请拿出足够的耐心，相信您的孩子，也相信您自己，田田一定会有所改变的。加油，田田妈妈！

认为偷拿不等于偷窃的小刘老师

第 26 封信

让眼泪飞一会儿

小贾妈妈：

您好。

小贾是个活泼可爱、聪明伶俐的孩子，老师们都很喜欢他，但有时候对他很无奈。相信您已经猜到我要说什么了吧？

没错，小贾实在是太爱哭了。

在幼儿园里，几乎随便一件事都能"惹"他哭上半天。今天做早操的时候，他非要看我手里的照片，我要求他把地上的垃圾捡起来才给看。您知道，他肯定不愿意，正在犹豫的时候，垃圾却被旁边的森森抢先捡了起来。

不难想象，小贾又哭了。他要求森森把垃圾还给他，认为森森抢了他的东西。我没有立刻干涉，想看两个小家伙会怎么处理矛盾。您知道吗？小贾推了森森，然后坐在地上大哭，嘴里不停地喊："给我！他为什么不还给我？快给我……给我！"

我知道，您听了肯定会很心疼，担心老师会不会因此对孩子不好，别的小朋友会不会说他是"爱哭鬼"，他哭久了会不会上火。但我说这些不是为了让您担心。别着急，我们先慢慢分析一下。

小贾是在奶奶身边长大的，老人对孙子一般都是百依百顺，要什么买什么，吃什么做什么，无条件满足他的任何要求。用奶奶的话说：就这么一个孙子，怎么都不能委屈了。在溺爱中长大的小贾突然回到妈妈身边，是不是延续了这种有求必应的习惯，一旦要求得不到满足就开始大哭大闹，经常在家里"大闹天宫"，对吧？

上次我和小贾爸爸交流过，有一次您急着出门，小贾非要玩您的手机。爸爸要把自己的手机给他玩，可小贾说什么也不同意，非得玩您的才行，不让玩就坐在地上大哭，不让您出门。

您无奈之下只能答应给他玩一小会儿，结果一发不可收拾，最后只能强行夺过手机出门，一边走一边听着楼上惊天动地的哭声。

爸爸说，您是抹着眼泪下楼的。而小贾好不容易过个周末，从早晨8点一直哭到下午1点多，爸爸都没敢告诉您。

其实，现在这样的孩子不在少数，他们从小被溺爱，呼风唤雨惯了，认为一切要求都应该得到满足，否则就用哭来抗议。无数次的经验告诉他，眼泪是万能的武器，可以帮助自己达到任何目的。

可是到了幼儿园之后，不会再有人溺爱他，给他特殊照顾。这时候孩子会有一段时间不适应，有种被忽略的挫败感。父母不能太着急，更不能要求老师对他特殊优待，孩子非常需要明白的是：哭并不能解决问题。

您是不是也觉得小贾需要改变一下了？要改变孩子先得改变咱们自己。孩子的一切行为都不是天生的，而是受养育者的影响。以下几个建议给到您：

1. 如果条件允许，请您和小贾爸爸尽量自己带孩子，不要全权交给老人或者保姆。除去老人容易溺爱孩子不说，孩子从小和谁在一起的时间长，就会对谁依恋更多。当有一天，老人没有能力继续陪伴他时，由于和父母的关系疏远，这对孩子的心灵会是种很大的伤害。我本人就是个例子，从小和爷爷生活在一起，十岁那年我爷爷生病去世，而我也因此变得不再开朗，从小就不会把心事说给家里的任何人听。虽然外表看起来和普通人一样，但是内心和父母的疏远只有经历过的人才会懂。

2. 不要用无条件满足孩子要求的方式来减轻对孩子的亏欠感。合理的要求可以满足，不合理的请果断拒绝。很多父母觉得自己忙事业忽略了孩子，于是孩子提什么要求都不打折扣地给予满足，以减轻自己的亏欠感。其实，这样做只能减轻父母的亏欠感，对孩子却没有任何益处。如果您也认为老人的溺爱是错误的家庭教育方式，那么无条件地满足孩子以弥补亏欠就是在重复错误。

3. 倘若小家伙用哭闹来威胁您，记住一句话：让眼泪飞一会儿吧。他需要明白，哭不能解决问题。当孩子提出要求，大人一定要考虑好，如果孩子的要求不合理，任凭孩子怎么哭闹也不能妥协。要让孩子从小就知道什么要求是绝对不会被满足的，并坚信父母不会因为自己哭闹而动摇。小贾之所以经常哭闹是因为他抓住了妈妈的软肋，知道妈妈不舍得他哭，只有妈妈不再上眼泪的当了，他也就不会再闹了（哭也是一件很累的事）。

4. 家庭成员做到教育理念一致。只要家里有一位家长溺爱自己，孩子就觉得自己有靠山了。不要小看小家伙，他能清楚地分辨成人的态度，知道谁会顺着他，更知道家里谁说了算。所以，小贾妈妈，建议您在教小贾的同时，也用适当的方法教教奶奶，让全家的教育方法尽量保持一致。

不主张溺爱孩子的小刘老师

第 27 封信

孩子动作缓慢怎么办?

小曼妈妈:

您好。

昨晚在电话里和您聊了整整半个小时,您只说了一个话题,就是小曼的动作实在太慢了。不管做什么事,喝水、吃饭、睡觉、起床,就连玩游戏也没见她比别人快过,这一定让您苦恼了很久吧?

说实话,老师们也很苦恼。每天都要做完早操进入教学活动了,小曼才慢悠悠地走进幼儿园,眼睛半眯着,一副似醒非醒的样子。

因为我总要求等一等,不希望小曼从中途进入角色,这就拖延了老师们按计划组织活动的时间,给她们的工作带来很多不便。开始我以为是因为住得远或者家长工作原因,才影响了小曼按时上幼儿园，可是很快又否定了自己的猜测。入园之后的小曼，一整天都是老师们关注的对象，需要时时刻刻提醒和催促，她似乎总比别的小朋友慢半拍，对任何事都不着急，丝毫没有紧迫感。

就拿午睡来说吧，当别的小朋友很快进入梦乡，寝室渐渐安静下来的时候，总能发现中间的位置仍有一位小朋友没睡下，那就是小曼，她还在脱鞋子呢！解鞋带都要半小时，然后再用十五分钟脱袜子，好不容易上床了突然想起什么又跳下床一屁股坐在地上，慢慢地把鞋子摆在床脚边，左看看，右看看，放好了再拿起来，调过来调过去，花一个小时的时间能躺在床上就很不错了。

有时候我真想帮她一把，要不再磨蹭一会儿午睡时间都过了。可我清楚不能这样做，老师能做的只是耐心地提醒和指导，让小曼自己动手，但最终毫无效果。

有一次我们带着小朋友到广场上玩。游戏结束时，杜老师一声令下："集合！"小朋友们都飞快地从广场跑过来，先到的可以排在前面，所以大家都很积极。不一会儿，一条长长的"毛毛虫"就排好了。

杜老师开始点豆儿：点点点豆豆，一共点了几颗豆？1、2、3、4、5、6、7……咦？怎么少了一个？是小曼没有来，她正在那边悠闲地"散步"呢！我走过去提醒小曼："小曼，杜老师在等你哦。"她似乎听见了又好像没听见，直到我说了第三遍，才扭头看了看我，稍稍加快脚步挪到队伍的最后面。

您是不是想问：幼儿期动作缓慢究竟会对以后有什么影响？想

想看，如果小曼养成了做事缓慢的习惯，上了小学以后，学习内容和时间安排都明显较幼儿园紧张一些，小曼跟不上节奏，作业比别人慢，考试的答题时间不充足，晚上要到很晚才完成家庭作业，甚至早晨上课迟到，小学是不会像幼儿园这样适当协调时间等待的。

说了这么多，我想您最关心的还是具体的改善方法，下面是老师们整理的几条建议，根据小曼的具体情况，这些方法应该可以帮得上忙。

首先，小曼不是"小慢"。您知道，她动作的缓慢和名字是没有关系的，不要只是因为谐音，就有意无意地开玩笑，说她"果然叫小慢，动作总是慢吞吞的"。这样的话只会起消极作用，让她越来越慢。除此之外，其他类似的玩笑话也尽量不要说，成人每提一个"慢"字，都是对孩子的消极评价和消极行动的巩固。

其次，改变习惯从游戏开始。即便动作再慢，小曼也是喜欢玩游戏的。游戏的教育效果很明显，比如，玩比赛的游戏，这对小班以上的孩子非常有效，无论什么样的比赛，只要赢了是有荣誉和奖励的，他们就会愿意竞争。吃饭时可以比谁吃得快，睡觉时比谁先脱完衣服，上幼儿园比哪个小朋友先到，等等。奖励要多样，根据小曼当时的喜好选择她感兴趣的奖励方式，进而转向鼓励她和自己竞争，体验超越自我的快乐，增强上进心。

再次，对孩子的要求要合理。我们不能为了节省时间，而要求孩子去做她的年龄根本做不到的事情。比如，您要求小曼用两分钟刷牙，三分钟把被子叠好，这根本是不可能的。长期的挫折感会让她失去信心，更加不愿意积极尝试了。考虑到小曼年龄小，很多她还不熟练的事情需要妈妈耐心地做示范，手把手地教，慢慢动作熟练了之后再让孩子加快速度，这样更容易做到，孩子也更容易获得成功的体验。

最后，对于无论如何都"不吃这套"的小家伙，只能采取相对强硬的措施了，而很多时候强硬的措施未必没有效果。比如，小曼穿衣服太慢，妈妈各种提醒之后可以适当地给她施加压力：分针哥哥跑到5的时候你还没有穿好衣服，妈妈就不会送你去幼儿园了。小曼并不是真的不想上幼儿园，而如果这时候妈妈果真不让她去，相信她下次一定会记住教训。

孩子就和成人一样，轻易拥有的东西往往不知道珍惜。让小曼知道幼儿园不是随时都能去的，到点了就会关门，没条件可讲。有了紧迫感和时间观念，她才会提醒自己加快速度。

相信您已经有方向了吧？不要心急，拿出妈妈的耐心来，陪您的女儿一点一滴改变，相信小曼并不"慢"，加油！

持续关注小曼的小刘老师

第 28 封信

孩子粗心大意怎么办？

烁烁妈妈：

您好。

这两天烁烁学了一首新儿歌，叫作《粗心的小画家》，歌词是这样的：

"丁丁说他是小画家，彩色铅笔一大把，他对别人把口夸，什么东西都会画。画只螃蟹四条腿，画只鸭子小尖嘴，画只小兔圆耳朵，画匹大马没尾巴。咦？哈哈哈哈哈哈哈……"

相信您一定不陌生吧？这是烁烁很喜欢的儿歌。

儿歌里的主人公是粗心的小画家丁丁，而我想说的是，我发现生活中的烁烁越来越像丁丁了。

您应该比老师更了解，烁烁做事不怎么认真，总是马马虎虎、丢三落四的。他经常会把自己的水杯放进其他小朋友的杯架里，或者干脆拿错了杯子；美术课要求带油画棒和画纸，他却只带了油画棒把画纸忘记了。玩海洋球穿错鞋子、起床找不到袜子、第二节教学活动不记得原来的座位，这都是经常发生的事，班里的小朋友们都称烁烁是个"粗心的小画家"。

我偶然从烁烁奶奶那里得知，烁烁在家也是很粗心的，经常忘记这个忘记那个。

有一次，烁烁奶奶要带烁烁去海洋馆。临出门时，特意检查了要带的物品，并嘱咐烁烁穿好衣服，把新买的小手枪带上。半小时后，爷爷的车在楼下等着了，刚一出家门奶奶就发现不对劲，烁烁的裤子没提好，衣服扣子也扣错了，于是手忙脚乱地帮他整理，刚想出门又发现他的小手枪没有拿，于是打开门让烁烁自己回去找，奶奶在门口等着。几分钟过去了，又是几分钟过去了，烁烁始终没有出来。回去一看，这小家伙正坐在地板上生闷气呢，奶奶叫他也不应声。不用猜，他找不到小手枪了。

这样的事情应该不少见吧？粗心的坏习惯绝不是一天养成的。您是不是想说"这孩子从小就马马虎虎，做什么事都不能集中精力"？我相信您是真的在发愁，也相信每个妈妈都希望自己的宝贝做事认认真真。但孩子的认真和粗心都不是天生的，我们应该在抱怨之前先反省一下自己，有没有什么行为影响到孩子，才让他们变成了"粗心的小画家"呢？

想要改变烁烁粗心的现状，只有先从家长改变开始。爸爸妈妈要调整好自己的心态，用正确的教育方法引导孩子摆脱粗心的坏习惯。

1. 始终尊重孩子爱玩的天性，不要把成人的愿望强加给孩子。让他在快乐中自主学习，用自己的方式去感知和探索。只有找到了兴趣，他才会认真对待。

2. 不要总拿自己的孩子和其他孩子进行比较，经常被否定的孩子很容易失去信心，认为自己再怎么努力都不如别人，从而破罐子破摔。

3. 要看到孩子的长处，经常表扬。表扬和鼓励会给人带来信心，从而充满希望。对孩子来说也一样，他会在心里觉得，自己是最棒的，自己会做得更好！这样就很容易捡起学习的兴趣。

此外，并不是只有学习上粗心才算粗心。很多时候粗心的习惯是从生活中的小事上养成的。比如，穿衣服忘记系扣子，刚玩过的玩具回头就找不到了，早晨起床丢一只袜子，到幼儿园发现没带书包……这些都是粗心的表现，同样不可忽视。

父母平时应该多给孩子一些锻炼的机会，不要事事包办，让孩子做一些力所能及的事。"自己的事情自己做"的理念是幼儿园一直提倡的，让孩子从小培养良好的习惯，孩子才会更早独立。

父母不要总是把"粗心"这两个字挂在嘴边，给孩子消极的心理暗示（有时候你说他粗心，他就真的粗心了）。相反，我们要常常鼓励他认真的行为，当一件事没做好的时候，不要急着批评孩子，告诉他："没做好是因为你还很小，妈妈能看出你已经很认真了，只要努力做，总有一天会做好的，妈妈相信你。"这样的鼓励会让孩子心里燃起希望，对自己充满信心，从而一次比一次做得更出色，一次比一次更认真。

让孩子不做"粗心的小画家"，就从我们做父母的改变开始吧。加油，我相信您！

相信烁烁会细心的小刘老师

第 29 封信

孩子没有责任心怎么办？

晶晶妈妈：

您好。

不知您有没有留意，晶晶最近很喜欢说这样的话："我没有""我没看见""是他把书撕坏的，不是我""不光我自己，他也扔玩具了"。每次老师发现晶晶犯了小错误，她都会用这些话来回答，把责任推卸得一干二净。

爷爷来接的时候，让晶晶先把玩具还给老师再走，晶晶的反应非常漫不经心，不但不理睬爷爷的叮嘱，连书包也不拿就走出活动室了。爷爷跟在后面一边帮老师收玩具，一边拿书包，晶晶则在门口说："大鹏先拿出来玩的，应该他收，我才不管！"

相信您一定看得出来，这是晶晶缺乏责任心的表现。现在的孩子生活条件优越，越来越多的孩子不明白"责任"是什么了。

自己的事情不愿自己做，做错了还不愿承认，总是推给身边的人。我们都知道，有责任心是一个人最重要的品质之一，它关系着一个人是否能立足社会，是否能拥有幸福的家庭。

我的两个姐姐各有一个可爱的女儿，一个叫欣欣，一个叫乐乐。她们年龄差不多，也都是由保姆带的，看上去也一样招人喜欢，习惯却有着很大不同，其中就包括责任心。

乐乐吃东西时总是边吃边扔，衣服一天换好几件，家里也少见干净的时候，到处都是她扔的果皮和包装袋，保姆则在抱怨和忙碌中度过每一天。而欣欣就不同，她吃完东西从来不会扔在地上，如果眼前没有垃圾桶，她就把整个屋子都找一遍，我见过她手里拎着香蕉皮玩了一下午，直到从外面回来，扔进楼下的垃圾箱为止。所以欣欣家的卫生一直很好，地上从来没有杂物，保姆也很轻松，清晨打扫一次之后就陪着欣欣玩游戏。

我一直在想，年龄、生活条件、父母职业几乎都相同的孩子，为什么会有如此大区别呢？欣欣非常有责任心，只要她到的地方，不但自己不乱扔东西，还会捡起其他小朋友扔在地上的果皮。跟乐乐一起玩，通常都是乐乐在前面扔，欣欣在后面捡。欣欣懂得"爱护环境，人人有责"，乐乐似乎总认为保姆阿姨会帮忙打扫，与她无关。

后来我发现，两个保姆在生活中无时无刻不影响着孩子。欣欣的阿姨生活习惯很好，她用实际行动做了榜样，每次都会把垃圾扔进垃圾桶，从无例外。当看到欣欣往地上扔垃圾时，她也从不急于训斥，只是默默地捡起来，然后在欣欣的注视下扔进垃圾桶，示意垃圾不应该扔在地上。这样的示范只有三次机会，到第四次，阿姨就会注视着欣欣的眼睛严肃地问："欣欣，垃圾应该扔到哪里？"被提醒的欣欣意识到错误，立刻捡起垃圾扔进了垃圾筒。

欣欣阿姨并没有训斥和命令，只是简单地做出榜样。小家伙是很容易受成人影响的，不要以为大人小小的坏习惯孩子注意不到，他们模仿起来比我们还"标准"呢。

爱护环境是一种责任，孩子们还小不可能让他们去植树、做公益，但是把垃圾扔进垃圾桶是很容易且最能培养他们社会责任感的事情，相信您会做得比欣欣阿姨更好！

另一个培养孩子责任心的方法就是——收玩具。

晶晶在幼儿园玩具区角游戏的时候，总是把区角弄得乱乱的，玩完了从不整理。其他小朋友再想玩时，要么跑来投诉"晶晶又把区角弄乱了"，要么自己先默默地整理好了才开始玩。晶晶不负责任的行为，给其他小朋友带来很多不便，这样的事经常发生。我想她在家也是一样吧？或许通常晶晶会说："我去玩的时候已经乱了，不是我弄的。"

找理由，推卸责任，不愿承担，自私，不为他人考虑，这都是没有责任心的表现。有些妈妈会说："只是玩个游戏，用不着这么严肃吧？是不是小题大做了？"要知道孩子的很多行为习惯甚至对周围世界的认知，都是在游戏中慢慢形成的，能把自己的玩具收好，把公共的玩具维护好，弄坏了敢于承担责任，才有可能做一个对自己负责、对他人负责、对社会负责的人！

当然了，让晶晶收玩具可不是一件简单的事。她现在的年龄对一些复杂指令还不能够理解，说话的用词和语气显得尤为重要。如果您对晶晶说："该吃饭了，把你的玩具收起来。"晶晶也许会很迷茫，她在想妈妈让把哪个玩具收到哪里去，为什么该吃饭了就必须收玩具。但如果您说："晶晶要吃饭了，芭比娃娃也要吃饭了，送芭比娃娃回家好不好？"这时候晶晶一定很清楚，芭比娃娃的家在红色箱子里，送回家是因为芭比娃娃肚子饿了。

用孩子能听懂的语言引导孩子培养不乱丢垃圾和收拾玩具的好习惯，也是培养孩子有责任心的重要途径。多点耐心，多点示范，多尝试几次，相信幼儿园的区角很快就不会因为晶晶而乱糟糟的了。加油，晶晶妈妈！

相信晶晶会收拾整理的小刘老师

4.

如何说，孩子才会听

没有不听话的孩子，只有不会沟通的家长。

爸爸妈妈如何说，孩子才会听？

爸爸妈妈怎么听，孩子才肯说？

第 30 封信

要引导，不要发号施令

蜜蜜妈妈：

您好。

读完了您的邮件，我想到一句话：教师不是知识的灌输者，而是知识的引导者。父母作为孩子的第一任老师，自然在生活中也要扮演好引导者的角色，而不是事事发令、指挥。

蜜蜜很有主见，我行我素，爸爸妈妈让她干什么她就偏不干什么，甚至还跟爸爸妈妈对着干。用餐之前，您让蜜蜜把玩具收起来，她甚至都不看您一眼，继续玩着新买的布娃娃。该讲的道理都讲尽了，蜜蜜依然把积木扔得满地都是，就像从没听到过妈妈说要"把积木收到盒子里"。

类似这样的事情发生时，我想您一定抱怨过孩子不听话吧，可是蜜蜜妈妈，您想过换一种方式"发号施令"吗？

没错，您现在的做法就是在发号施令，命令她收玩具，命令她吃东西，命令她听您的话。偏偏小孩子对大人的命令通常很反感，有时候为了表达自己的反感，还会故意装作没听见，甚至和大人对着干，我想这一点您已经领教过了。

不妨换位思考一下，如果您的长辈每天命令您"年轻人别整天对着电脑""明天跟老板请个假，家里有事""6点必须起床，别睡懒觉了"，您也会觉得很啰唆，不耐烦吧？孩子在遇到同样的情况时，也是一样的感受。

作为孩子的第一任老师，家长应该学会使用正确的引导语，做活动中的引导者，而不是指挥者。就拿蜜蜜收玩具的例子来说，其实很简单，除了玩之前讲好规则，几点几分必须收玩具之外，您还可以换一种方式去提醒她："蜜蜜，你看积木宝宝肚子都饿了，积木妈妈做好了香喷喷的食物，正等它吃饭呢。如果再陪蜜蜜玩一会儿，积木宝宝的肚子会饿扁的，怎么办呢？"孩子天生就认为万物都是有灵性和生命的，都有爸爸妈妈，都会饿肚子，会哭和难过。尤其小女孩，心思更细腻，当蜜蜜听说积木宝宝要饿哭了，肚子饿扁了，她会通过自己的生活经验，体会到饿肚子的感受，结果自然不用您多费唇舌，她就会乖乖把积木送回到积木妈妈的怀抱里去了。

接下来您可以说："积木宝宝去吃饭，蜜蜜是不是也该去吃饭了？我们来比一比，看是积木妈妈做的菜好吃，还是蜜蜜妈妈做的菜好吃。"这样的引导方式相比直接命令她"把玩具收起来，坐下吃饭"更容易有效果吧？

在日常生活中，孩子处处都需要引导，如果父母不能很好地掌握引导技巧，仍然觉得"我是妈妈爸爸我最大"的话，孩子就会在被命令中心生厌烦，在厌烦中变得叛逆。蹲下来感受孩子的心灵吧，用平等的姿态与孩子沟通，看她的世界，用她的语言，让小家伙在积极的引导下越来越"听话"。

另外，您提到，很多时候您还是很尊重孩子意见的，吃什么、买什么、玩什么都会先问问她，可是为什么她根本不领情，反而无视您的存在，对您说的话左耳朵进右耳朵出呢？这经常让您感到非常委屈，但是我想说，尊重孩子的意见固然没错，也许您该想想蜜蜜的回答能力，或者看看自己问的问题是不是太多了。

我们每天都问了孩子哪些问题呢？

"你想吃点什么？"

"你想去哪儿玩？"

"今天在幼儿园都发生了什么事？"

这些问题蜜蜜都能回答上来或者有兴趣回答吗？

想吃什么的范围太大了，除非您有足够的耐心等待她的答案。幼儿园发生了什么事就更难回答了，孩子的表达能力本来就不完善，幼儿园每天发生的事情也很多，她会苦恼于妈妈问的是哪件事，也会因为表达不出来而被妈妈说"这孩子放学从来不提幼儿园的事儿"。

很多时候我们提问之前，心里早就有标准答案了，至少清楚自己希望得到哪方面的回答。何不换一种引导方式，让提问更容易被孩子理解呢？

比如，"你想吃汉堡还是薯条""你想去游乐场还是动物园""今天要买布娃娃还是积木"，把范围缩小，孩子会更容易给出答案，而无论她给出哪个答案都没有对错，因为只是个选择。试想，如果咱们问孩子"你今天想吃什么"而其实已经决定带她吃快餐，可孩子的回答是"我想吃棒棒糖"，这个答案离我们预设的标准答案差好远，最后不得不先去超市买棒棒糖，再自作主张带孩子去吃快餐。这和没征求过孩子意见有区别吗？

类似"今天幼儿园里发生了什么事"，这个问题难度太大。我们想了解幼儿园的事除了提问，还有一个更简单的引导方式——陪孩子玩角色扮演游戏。

千万别小看了孩子的表演天赋，她会把老师白天在幼儿园的情景，八九不离十地展示出来，甚至还会点名提醒某位小朋友坐端正、把手放下。相比简单问一句"今天幼儿园里都发生了什么事"，您觉得哪种方式更容易得到答案呢？

孩子是需要引导的，正确的引导语能帮助我们更有效地与孩子交流，大人要学会用孩子的思维走入他们的小世界。加油！

注重引导孩子的小刘老师

第 31 封信

不问封闭式问题

婷婷妈妈：

您好。

昨天是婷婷第一天转来我们幼儿园，老师和小朋友们都很喜欢她。相信您陪同了一天也能感受到大家的热情吧？希望婷婷在这个集体过得开心、快乐。

从昨天您和婷婷的对话中，我能听出您有意识地提问，以引导婷婷观察事物，这个习惯很好，如果在提问方式上能有所改进，那就更完美了。

先来了解一下封闭式提问吧。

首先得承认，不单是家长容易犯提问上的错误，很多幼儿园老师也难免。我曾经听过一位新老师的试讲，讲课过程如下：

老师：今天 ×× 老师来陪小朋友们一起玩游戏，你们开不开心啊？

孩子：开心！

老师：××老师给小朋友带来一个小礼物，喜不喜欢啊？

孩子：喜欢！

老师：好，那一会儿小朋友们好好表现，××老师就把这个小礼物奖励给大家，好不好？

孩子：好！

……

听完这个开场您有什么感觉？一定会觉得，这位老师的提问没有意义，剥夺了孩子们思考和表达的机会，只能在"对不对""好不好""行不行""喜不喜欢""开不开心"之间做选择。相信您作为"消费者"也不会"买单"的吧？

大部分时候，孩子回答这类问题都不过脑子，你问"今天的天气很好，对不对"，90%的孩子会回答"对"，另外10%或者不说话，或者跟着别人回答，极少出现哪位小朋友真去观察一下天气，然后告诉你"今天的天气不太好，看，那边还有乌云呢"。

如果把问题换成"今天的天气怎么样"，答案就五花八门，甚至都不会重复了。这就是封闭式提问和开放性提问的区别。

如果不重视开放性提问，就很容易局限孩子的思维，阻碍他们去思考和探索。作为提问者，我们也不一定能得到想要的有价值的答案，您说对吗？

举个生活中的小例子：有一次我带儿子去公园散步，看到座椅旁边的花都开了，准备给儿子拍张照片，想都没想就去问他："明明，这些花很漂亮是不是?"儿子回答："是。""那妈妈给你拍张照片好不好?""好。"照片拍完了，我开心地拿手机给他欣赏，谁知小家伙根本一眼都不看，转身玩他的小汽车去了。

后来反思，我发现从始至终都是我一个人的愿望，我觉得花很漂亮，我想给儿子拍张照片。虽然小家伙也赞同我的想法，但他只是顺着我的引导，机械式地应对。

我完全可以换一种问法："明明，你猜这是什么花?"您可能会说，花的种类这么多，孩子不一定全认识，回答不上来怎么办。我想您小看孩子的想象力了，即便他们不知道这些花的名字，一样能给出千奇百怪的答案。比如"蝴蝶花""白雪公主花""裙子花""奥特曼花"。仅仅因为长得像，或颜色让他联想到了什么，都可以成为他的答案。对与不对没关系，善于观察和思考才是重要的。

这时候再问"你来想一想，怎么才能把花朵和明明放在一起呢"，他会去想各种办法，其中难免有摘花的可能，我也正好可以借机告诉儿子要爱护花草树木。经过一番引导和提问之后，儿子想到了最好的办法——站在花的旁边合影。大功告成!

我既达到了拍照的目的，又达到了教育目的。最重要的是，儿子在这个过程中感受到了思考的乐趣，抱着手机看合影时，一定很有成就感，那是他自己想出的好办法。一举两得!

虽然说封闭式提问有很多弊端，但在一些特殊的情况下，也是能起到一定效果的。比如，当婷婷不吃饭的时候，如果您仍然用开放性提问："婷婷想吃点什么呢？"我想她要么不回答，要么什么也不吃。换成封闭式提问就会好很多："婷婷，你是要吃鸡蛋还是面包呢？"只有两种选择，她选择其中任何一个，妈妈都能达到目的，不是吗？

生活中我们每天都在提问，而问什么、怎么问就成了重要课题，好的提问方式可以使孩子开心、快乐地探索、思考和想象。真心希望每一位幼儿老师和爸爸妈妈都能用心设计引导语，让孩子们放飞思维，快乐成长！

鼓励开放式提问的小刘老师

第 32 封信

父母怎样和孩子沟通

子乐妈妈：

　　您好。

　　关于子乐不好管，不讲理，总比别的孩子慢半拍的问题，我想很多妈妈都有过类似的烦恼。先不用太烦心，我们简单分析一下情况，最根本的原因找到了，问题自然好解决。

　　您和子乐的爸爸平时工作都忙，很少有时间陪孩子玩游戏、看动画片，就连子乐在幼儿园的表现都是听奶奶简单转述的，对吧？

　　我很理解您和爸爸对工作的热情和工作的繁忙，老师们为了班里的小朋友偶尔也会忽略自己的孩子。敬业是好事，但孩子是无论如何也理解不了的。他好不容易等到晚上妈妈回家了，迫不及待地想投入妈妈温暖的怀抱，感受一下关爱，可是您却冷冷地给他一句："妈妈在加班，你到一边儿玩去！"也许您觉得没问题，可是子乐会怎么想呢？他一定特别失落，会认为妈妈不爱他了。

养育孩子，父母需要更多的耐心、理解和宽容，而不是指责、忽略和冷落。我们在孩子心中浇多少水，他的苗就能长多高。

有一次子乐来幼儿园时特别不高兴，放下书包就在心情墙上贴了个大大的哭脸。我问他："为什么不高兴啊？"他眼睛里的"小珍珠"便立刻顺着脸颊流下来，看样子存了一肚子委屈。

事情是这样的：子乐一个星期没见到爸爸了，他想提醒爸爸在出差之前曾经答应过陪他去海洋馆。可是您直接把门锁了，不让子乐进爸爸的书房，说到这里他还夸张地学着您的样子，双手叉腰："大晚上去什么海洋馆？爸爸明天要开会呢，你不能打扰爸爸，快，找奶奶睡觉去！"

子乐委屈极了，他哭着爬上自己的小床，好久都没睡着。后来他说："小刘老师你知道吗？只有我的小熊愿意陪着我。"小熊应该是他的毛绒玩具吧？此时的子乐，感受到的更多是孤独，爸爸妈妈看不到的孤独。

我想，您和子乐爸爸一定不会真的不爱他，更不会觉得他烦，只是因为忙于紧张的工作而不得不牺牲陪孩子的时间。我并不是建议父母要用全部的时间来陪孩子，但至少需要让孩子了解父母的忙碌，打消"妈妈不爱我"的念头，这不是简单一句"妈妈在加班，你到一边儿玩去"就能做到的。

父母不体谅孩子，孩子又怎会体谅父母呢？

子乐不好管、不听话，很大程度上是和爸爸妈妈之间的沟通出了问题。抽出点时间，静下心来好好调整一下您的沟通方式吧，别让孩子感觉他在妈妈心里不重要，怀疑您对他的爱。

父母经常忽略孩子的存在会让孩子变得自闭，不愿与人接触，总感觉别人都很烦他，认为自己不重要。您可以试试用平和的语气，让小子乐了解事情的轻重缓急，征求他的意见，看是不是先让爸爸完成工作，然后再陪他玩（如果承诺了忙完陪他，就一定要陪）。这样下次再和孩子商量，孩子就很容易接受了。

那天晚上的对话，如果是下面这种情况，就会完全不同了。

"宝贝，爸爸妈妈很爱你，你也很爱爸爸妈妈，对不对？"

"对，妈妈，我爱你们！"

"爸爸每天去上班，给小子乐挣钱买玩具，是不是很辛苦啊？"

"是。"

"子乐能不能想个好办法，让爸爸早点休息？"

"快点干完活，就能上床睡觉了呀！"

"那我们不打扰爸爸，让爸爸快点干完活，你说好不好？"

"但是爸爸答应带我去海洋馆了。"

"爸爸那么爱你，肯定不会忘记的！"

"拉钩，说话算数哦！妈妈晚安。"

子乐也是讲道理的，只要爸爸妈妈不忽略他的存在，相信他也愿意理解爸爸、妈妈的工作和时间。您说对吧？换一种沟通方式，就会有完全不同的结果。

另外，您每次来接子乐都风风火火的，好像总有什么事情来不及了一样。有时候子乐正和好朋友玩得开心，依依不舍地收拾着玩具，您等不了两分钟就有点急了："动作快一点儿，爸爸还在楼下等着呢！""你怎么这么笨啊，就两个玩具还收拾不好！"

我们作为家长，要考虑孩子的能力，不能用大人的标准来要求孩子，要看事情是不是在他的能力范围内。如果超出了范围，大人再急都没有用。试试耐心指导并适当协助他，而不是指责。否则，这会让子乐打心眼里觉得自己很"笨"，时间久了会影响孩子的自信。当然，如果是孩子力所能及的，很容易做到而不去做，那我们就必须进行劝导了（是劝导，仍然不是指责哦。）

类似这样的沟通问题也许还有很多，需要您在生活中多留心。换一种态度跟孩子交流，让孩子感受到爸爸妈妈的爱，理解爸爸妈妈的忙碌。我想，子乐一定不会在爸爸加班的时候去打扰他，也不会慢吞吞地永远比别的孩子"笨"。改变孩子先改变自己，妈妈！加油！

希望子乐快乐自信的小刘老师

第 33 封信

批评孩子的正确方式

依依妈妈：

您好。

收到您的邮件我很吃惊，一直以来，您给我的印象都是温柔、贤淑的，是位细心体贴的妈妈。您说"一到教育孩子的事情上，前一秒还笑嘻嘻的，后一秒就大发雷霆，把依依教训得哇哇大哭"，这真难让我相信。

但是依依妈妈，孩子叛逆、不听话，这不是孩子的错，每个小家伙都会经历一段令人头疼的叛逆期，犯错误在所难免。作为妈妈，指出孩子的错误应该采用正确的方法，否则就是满腔怒火也无济于事，您说对吗？

依依上周刚参加幼儿园的轮滑班，因为比其他小朋友晚了半个多月进班，进步略显慢了。每次陪她上课，看着别的小朋友都能跟上教练的节奏，只有依依漫不经心，似乎不知道该干什么，您就急了："妈妈辛辛苦苦挣钱送你上特长班，你怎么这么不用心啊？教练在那边，你往哪边看呢？不学就退了，以后再也别来了！"

依依听您的话了吗？我想肯定没有。

并不是妈妈的嗓门越高孩子就会越听话。您这么一喊，不仅在教练眼里没了形象，对孩子的自尊心也是不小的伤害。另外，也尽量别说"以后再也不来"，如果不是真的不学了，这会让孩子觉得妈妈说话不算数，也会影响您在家里的威信。

依依不听话并不是因为您批评了她，而是您批评她时表现出来的那种愤怒的表情和声调。试试心平气和地跟孩子交流，告诉她现在应该做什么，不应该做什么，及时鼓励她（别忘了依依才第二周学轮滑，进步慢是正常的）。

当轮滑教练告诉我这件事的时候，我知道您只是欠缺正确的批评方法。孩子哭了，妈妈才是最心疼的。使用错误的批评方式，情况只会变得更糟。您在邮件里说："终于压不住满腔怒火，一番训斥无效之后动手打了依依的屁股！"这真令人感到遗憾。

周末家里来了客人，您让依依把她正在玩的积木分给弟弟一些，谁知道依依紧紧护住自己的宝贝，死活不肯。您听到客人连连说"不用了，不用了"，一定感觉特没面子吧？依依告诉我，妈妈抢了她的积木，转身就塞给了弟弟，问都没问她。换作另外一个小朋友，我想也会和依依一样，不假思索地冲过去夺回属于自己的东西。您知道依依最爱积木了，她把积木当作宝贝一样。

弟弟哭了，您也大声呵斥了依依，客人则在一边连连表示抱歉，整个家里闹哄哄的。于是，您一把抓住依依的胳膊，狠狠地在她屁股上打了两下，一边打一边说："你跟谁学的，这么不懂事，说，让不让弟弟玩？"

好好的周末聚会，就这样在两个孩子的哭声中草草结束了。

我相信您明白，武力除了让孩子的自尊心受到伤害，解决不了任何问题。长期的打骂容易让依依破罐子破摔，认为自己"反正也是坏孩子，犯不犯错误妈妈都不爱我"，对您的批评也就麻木了。我们并没有想让孩子伤心，对吗？

试试换一种态度跟依依商量，心平气和地告诉她："小弟弟很喜欢依依姐姐，想让依依姐姐教他搭积木，听说依依姐姐搭的积木最棒了，你能教弟弟搭一个吗？"这样的尊重和表扬，很容易激起孩子的表现欲，献出大姐姐的爱心，自然就愉快地答应让弟弟加入游戏了。这种方式与训斥和打骂相比，您觉得哪个效果更好呢？

父母所做的一切都是希望孩子好，但不能凭着"为孩子好"四个字，就采用一些孩子不能理解的方式去表达。自尊心受损，怀疑父母的爱，给自己贴"坏孩子"的标签，这些都不是我们想要的。

方法很重要，完全在父母的一念之间。如果您想给依依营造和睦快乐的家庭气氛，继续做个温柔的妈妈，那就从现在开始改变批评孩子的方式吧。

1. 遇事先冷静。不论您多么生气，都先强迫自己冷静下来，只有心平气和才能对孩子的错误进行理性判断，帮助孩子认识到错误，找到改正的方法。

2. 批评孩子前先听听孩子怎么说。无论对错，都要给孩子一个解释的机会。小孩子的心思很难猜，只有鼓励他们说出来，父母才能更了解真相，不至于冤枉了孩子，也让小家伙心服口服。

3. 批评孩子要注意场合。别在公共场合批评孩子，这一点很重要。就像我们不希望在全体员工大会上被老板批评一样，孩子的自尊心也是需要保护的。

4. 要批评，也要安慰。犯错误被批评之后，是孩子情绪最低落的时候，如果父母能给自己一句鼓励的话，或一个安抚的小动作，就能让小家伙知道即便父母批评了自己，但仍然很爱自己，从而在爱和包容中学会上进。

只要父母的态度转变了，遇事冷静，使用正确的方法，保护好小家伙的自尊心，依依一定会朝着我们期望的方向成长！相信我，加油！

尽量不对宝贝大吼大叫的小刘老师

第 34 封信

孩子被欺负了是否要鼓励打回去

嘉嘉妈妈：

您好。

首先，对嘉嘉脸上的伤，向您表示深深的歉意。是我们工作疏忽，让嘉嘉在游戏中被小朋友不小心抓伤。今后老师们会更加重视安全问题，请您放心。

客观分析这件事，我认为您处理得非常好。

自己的心肝宝贝在幼儿园被欺负了，妈妈一定比谁都心疼，孩子安全快乐是每个妈妈共同的心愿。但是他们年龄还小，打打闹闹是再平常不过的事了，很多爸爸妈妈一看到孩子被欺负了就满腔怒火，虽然知道打人不对，仍然会告诉孩子"别人打你，你就打他""打得过就打，打不过就跑"，唯恐自己孩子被人欺负了。

说到底，这都是家长们太"爱"孩子的缘故吧。很多家长反映："孩子们刚离开父母，独自一人进入陌生的幼儿园，被欺负的时候身边连个保护他的人都没有，如果自己再不懂得还手，真难想象孩子的一天是怎么过的。"太多家长有这样的担忧，也就有太多孩子被灌输了"人不犯我，我不犯人，人若犯我，我必犯人"的思想。

那孩子在幼儿园被欺负到底应不应该打回去呢？

嘉嘉这个年龄段的孩子，还没有"打人"和"被打"的概念，至少与我们成人眼里的打斗是有本质区别的。他们只是在玩游戏，通过这种游戏他们学习与人交流，大部分都没有恶意。

很多幼儿园的小朋友前一秒还在吵架，后一秒就手拉手和好了，根本不记得谁打过谁，谁吃过亏。作为父母和老师，我们应该给孩子机会，让他们自己去处理矛盾，而不是凭成人的理解，鼓励孩子"打回去"。

"打回去"只能暂时保护孩子不受欺负，但长远来看，一旦形成习惯，孩子的性格就容易变得暴力、自私、不会正确解决问题，甚至交不到朋友。在这一点上，您做得非常好。

虽然您不鼓励嘉嘉动手打人，但我看得出来，您心里一定特别不是滋味，很担心嘉嘉以后会继续被小朋友欺负吧？其实不主张孩子还手，并不代表要任人欺负，有更多更好的解决办法，相信您会愿意尝试的。

对孩子来说，打人并不是一种攻击行为，而是他们想通过这种方式引起别人的注意。建议您多鼓励嘉嘉主动与人交往，表示友好，当有更好的方式交到朋友时，别的小朋友自然不会通过打人这种方式来吸引注意力了。

很多父母在孩子发生冲突的时候，会立刻站出来干涉，生怕晚一步孩子就会吃亏。这种做法我不提倡，建议静观其变，给孩子一个自己解决问题的机会。

可别小看孩子的智慧哦，他们完全有能力处理同伴间的小矛盾。我们要做的就是鼓励孩子和同伴沟通，教他们学会正确的自保方式：

1. 严肃且大声地告诉对方："打人是不对的，你不可以打我！"

2. 警告对方打人的后果："如果你打我的话，我会去告诉老师。"

3. 离开现场。

没错，这时候父母不需要做什么，相信您的宝贝，静观其变就行了。

有一次在公园的广场上，我看到两位妈妈带着各自的孩子在玩拍皮球。玩着玩着，小 A 因为捡错了球，被小 B 狠狠打了一拳。小 B 妈妈见了立刻过去阻止："谁教你打人的？再打人让小 A 妈妈把你抱走！"小 A 妈妈似乎很吃惊，随后微微一笑，示意小 B 妈妈不要训斥孩子，那只是属于他们自己的小游戏。

接着，小 A 慢慢地走向小 B，都以为他要打回去了，只见小 A 真诚地说："对不起，刚才是我不小心捡了你的球。"小 B 还没反应过来，他又接着说："但你不应该打我，打人是不对的！"

"是你先捡了我的球啊！"

"你可以直接告诉我，我错了会向你道歉。但是现在你错了，你也要向我道歉！"

"那……对不起。"小 B 说。

就是这么简单，两个孩子又开心地玩起来，好像刚才的争执从来没有发生过。小 A 妈妈不鼓励孩子打回去，但小 A 用自己的方式结束了"战争"，并教会了同伴如何处理矛盾。

只要嘉嘉也像小 A 那样，不回避，主动处理同伴间的"战争"，即使妈妈不在身边，相信他也完全能够保护自己不被欺负。您说对吗？

千万不要给孩子强调"在幼儿园被欺负了就去找老师"，虽然保护孩子安全是我们的责任，但我们绝不主张时时看守，事事保护。孩子需要通过自己的方式学会处理矛盾，总结与人交往的技巧，谁都没权利剥夺他们锻炼的机会。

另外，需要提醒的是，嘉嘉很多时候是爷爷、奶奶接送的，他们处理这类事情的方法就不太对。就像今天早晨，奶奶送嘉嘉来幼儿园时一脸不高兴，反复说着："我自己的孙子，我还没舍得打呢，倒让别人给打了！你说气人不气人？""他打你你就不知道打他吗？"

可以看出您和奶奶的观念完全不一样，如果全家人一起抚养嘉嘉，这样的观念分歧可能会让孩子一头雾水，不知道该不该还手了。希望您能多和老人交流，在"被欺负"这个问题上，让老

人和父母的观点达成一致。再次对嘉嘉的伤表示歉意，希望嘉嘉
能在积极的同伴关系中快乐成长。

相信孩子能自己解决矛盾的小刘老师

第35封信

您需要如何对孩子谈老师?

晗晗妈妈:

您好。

今天早晨晗晗又哭闹着不肯上幼儿园,您和爸爸工作都迟到了,一定很着急吧?这样的情况已经不是第一次,我很理解您心疼孩子又着急上班的心情。

可是晗晗妈妈,您想过为什么吗?晗晗已经上了半年幼儿园,为什么还是大哭大闹,像刚入园的新生一样?有两件事我记得特别清楚:一是前几个周末,我出去散步时经过您家楼下,那时候您带着晗晗坐在单元门口陪奶奶聊天,我走过去跟小家伙打了声招呼,随后听到您和奶奶逗她:"乖宝宝快跟老师说再见,不说再见老师就把你抱走了啊!"晗晗胆子小,听到这话吓得直往后缩,大人们却觉得很有趣,一边说,一边笑。

后来晗晗在小区里看见我，从来不打招呼，远远地看见我就会躲起来，遇到其他老师也一样。您说她怕生，出了幼儿园就不敢跟老师说话，其实罪魁祸首是您的那句"不说再见老师就把你抱走了"。

孩子本来就不太愿意离开妈妈一个人去幼儿园，好不容易盼到周末，又要被老师带回去，对他们来说这该是多么恐怖的一件事！我们在她心里的形象越来越可怕，您觉得晗晗还会愿意上幼儿园吗？

另外一件事，是在上次开家长会的时候，杜老师说，如果遇到教育方面的难题，可以随时找各位老师沟通。话音刚落您就接了一句："都不用沟通，只要一提三位老师的名字立刻就听话了，比什么都好使！"这引起一片笑声。

我了解，很多父母都在使用类似的"法宝"，这一点都不稀奇。比如，"再不听话我就给老师打电话了"，"从沙发上下来，不然明天就告诉你们老师"，等等。

不管家长是否真的知道老师的电话号码，哪怕根本没拨号，小家伙也会立刻停下来，乖乖地听父母的安排。您很奇怪为什么老师有如此大的魔力吗？我想告诉您，这种魔力是家长赋予我们的。

当家长为了让孩子听话而用老师的名字吓唬他们时，虽然暂时收到了一定效果，但在小家伙的心里，老师却变得越来越恐怖，几乎成了坏人的代表，所有不听话的小朋友都会被送到老师那里去。如果孩子们害怕老师，而不是爱老师，那又怎么会爱上幼儿园呢？

孩子爱不爱上幼儿园，很大程度上取决于他们喜不喜欢班里的老师，虽然这要看老师们的本事，但更重要的是爸爸、妈妈对老师的态度和评价。很多不爱上幼儿园的小朋友的家长，大致都经常用下面的话吓唬孩子：

1. 你们老师懂什么呀，能比你爸爸厉害吗？

2. 再闹就把你送到幼儿园，再也不接你了。

3. 你不说实话是吧？妈妈现在就给老师打电话问。

4. 乖乖跟妈妈回家吃饭，明天允许你不上幼儿园。

5. 老师为什么批评你啊？走，妈妈带你找老师说理去！

如果家长从心里不信任老师，当着孩子的面说老师的不好，这样我们在小朋友心里自然也没有了威信。

如果家长总用老师来吓唬孩子，让他觉得老师是可怕的人，只有不听话的孩子才会被送进幼儿园去，更恐怖的是，让孩子觉得妈妈有可能再也不会来接自己了，换作是您，您也会害怕吧？

晗晗妈妈，以上这些情况不知道您怎么看？我想您现在知道晗晗哭闹的原因了。只有让她喜欢幼儿园，喜欢老师，而不是认为自己每天被送到一个可怕的地方，她才会开开心心地跟您说再见，不是吗？

请试着告诉晗晗：

1. 老师和妈妈一样，很爱很爱她。

2. 老师什么都知道，可以给她讲很多连妈妈都没听过的知识。（想听吗？妈妈不会，只有去幼儿园让老师讲。）

3. 必须上幼儿园，就像爸爸、妈妈必须上班一样。无论表现得好不好，妈妈都会来接你的。

4. 请她自己去问老师批评她的原因，真是自己错了，就要勇于承认和改正。（尽量不要当着晗晗的面指责老师。）

好了，我们不是大灰狼，而是爱她的老师们，希望明天看到开开心心的晗晗。

希望晗晗爱上幼儿园的小刘老师

第 36 封信

分享不是强迫来的

萌萌妈妈：

您好。

今天萌萌委屈地抹着眼泪来上幼儿园，您在旁边生气地拉着她，看样子好像是萌萌做了什么惹您生气的事吧？萌萌告诉我，妈妈在门口遇见瑶瑶阿姨，不经她同意就把她的奥利奥饼干分了一半给瑶瑶阿姨的女儿兰兰，这让萌萌很伤心。

您一定认为萌萌应该懂得分享，把自己的东西分享给好朋友是一种优秀的品质，对吗？但是萌萌妈妈，不是所有的给予都叫作分享。没错，分享的第一层含义是"把自己的东西奉献给其他人享用"，可您忽略了分享的第二层含义——自己从中获得快乐的体验。

回忆一下刚才，您觉得萌萌应该大度一点儿，把她的饼干和好朋友一起分享，于是您用命令的语气让萌萌拿出一多半的奥利奥，萌萌自然不愿意，大声冲着您喊："这是我的，把饼干还给我！"瑶瑶阿姨站在旁边似乎有些尴尬，于是您一边夺过萌萌的饼干塞给兰兰，一边连声解释："这孩子从小就这样，小气鬼。"

萌萌的东西被"掠夺"了，她能不伤心地哭吗？而您并没有理解和安慰她。

这并不是小题大做，对萌萌来说那就是"掠夺"！她是把东西"奉献"给其他人享用了，却没有从中获得快乐的体验，就算不得分享。

很多人在面对孩子的分享问题上，都会有一些错误的教育观念，一提到分享立刻就会想到：把你的玩具给弟弟玩一会儿、把你的饼干给妹妹分一包、你的图画书要和好朋友一起看。似乎只有像孔融那样的孩子才算大度的好孩子。当小家伙不愿分享的时候，就随意给孩子扣上"小气"的帽子，这对他们是一种心灵上的伤害。

孩子在还没有自我意识时，可能会表现得很大度，东西被拿走就拿走了，找一会儿没找到就会放弃。但当孩子渐渐有了自我意识，开始不停地说"我的""给我""我不"这样的话。这无关大度或是小气，仅仅是孩子自我意识萌芽，有了"我"的概念，是他们开始区分"你""我"的表现。如果在这个时候，大人要求孩子分享他的东西，他们不小气就奇怪了。

每个孩子都有这样一段"不分享"的经历，这很正常，千万不要用"小气"这样的词语给孩子贴标签，更不能强行"掠夺"孩子的东西"分享"给其他人。

这样的害处我相信您是能想到的。首先，她会怀疑妈妈对她的爱，这一点很可怕；其次，她会认为，得不到的东西用抢的方式就可以，"抢"是被允许的。长此以往，随着年龄和心理各方面的成长，本该能够分清归属权的萌萌，可能也会一直小气、霸道下去了。

那么这样的时候，我们应该怎样和萌萌沟通呢？

1. 表示理解。对她说："妈妈知道你很珍惜你的饼干，这包饼干是你的。"（一定要明确这包饼干是她的，没有人可以抢走，让萌萌知道妈妈理解她，而不是想抢她的东西。）

2. 和孩子商量。试着问她："兰兰也很喜欢吃饼干，你愿意分给她吃几块吗？"（如果萌萌愿意，那最好了；如果实在不愿意的话，一定不要勉强她，分不分享让萌萌自己来决定。）

3. 及时表扬。一旦萌萌同意分享了，哪怕还是很不舍，只分享了一小块，您也要及时表扬她"萌萌真是个爱心小天使，你分享的饼干兰兰很喜欢吃哦"。（让萌萌感受到分享带来的快乐。）

4. 做好榜样。爸爸妈妈的榜样作用很大，在家要明确规定好什么东西是属于谁的。若妈妈想用爸爸的钢笔，一定不要拿来就用，让她看到妈妈去跟爸爸商量，并且爸爸很愿意分享给妈妈使用。最好再由萌萌来评价：爸爸做得对不对？对在哪？

相信萌萌慢慢也会爱上分享，加油，妈妈！

相信每个孩子都乐于分享的小刘老师

第37封信

大的必须让着小的吗?

小可妈妈:

您好。

早晨小可到幼儿园似乎有些不高兴,做早操的时候他偷偷告诉我,他觉得您更喜欢弟弟,而不是更喜欢他。每次您买了好玩的、好吃的,都要等弟弟玩够了、吃完了才轮到他。甚至连小可自己的东西,只要弟弟看上,都得无条件"让"出去。

我明白您的想法,您一定是觉得小可长大了,哥哥就应该让着弟弟。没错,谦让是一种优秀品质,如果小可真能做到事事谦让,我也为他骄傲。但是没有人比您更清楚,小可是不愿意的。每次您强迫他把自己的东西"分享"给弟弟,都是对他心灵的一种伤害。

虽然小可现在的年龄应该学会分享、懂得谦让了,但是任何一种品质都不是自然而然冒出来的，需要家长正确的引导和小家伙一点一滴的积累。他之所以四岁半了还对弟弟"分享"自己的东西耿耿于怀，大部分还是因为父母没有给予他正确的分享教育。

首先您把所有好玩的、好吃的都先给弟弟，这本身就是不公平的。他和弟弟都是您的宝贝，都应该得到爸爸妈妈平等的爱。您的冷落会让小可觉得：妈妈不爱他了，现在的妈妈只爱弟弟一个人。

在小可看来，是弟弟抢走了他的一切，他自然不愿意再把东西让给弟弟了。

另外，当您希望他拿出玩具时，问过小可愿不愿意吗？也许您觉得这是哥哥应该做的，愿不愿意都必须这么做。短时间内小可确实拿出了心爱的玩具和弟弟"分享"，但是这些并没有教会小可正确的分享方法，他也没有从中得到快乐的体验，而是学会了抢夺、哭闹和霸占。

只要看上的东西，不管对方愿不愿意分享，都可以无条件抢过来；只要大哭大闹，抱着别人的东西不放，就一定能占为己有；在大哥哥、大姐姐面前不需要分享，因为他才是小弟弟。我想您一定不认为这是好的习惯吧？

有一次小朋友们在幼儿园玩积木，您知道小可最喜欢玩积木了。他动作很快，三两下就搭出一架飞机，很漂亮，很有创意。但他突然发现手里的积木不够了，探着小脑袋左看看右看看，看了半天终于锁定目标，站起身走到辰辰面前，一把抓起桌上的积木抱回自己的座位去了。

看着突然被抢的玩具，辰辰愣了几秒钟，随后大哭起来。

为什么小可不找老师解决，直接去抢玩具呢？他为什么不抢身边小朋友的，要锁定对面桌的辰辰为目标呢？小可的解释是："辰辰是大哥哥，我是小弟弟。""弟弟就应该抢哥哥的玩具吗？""我妈妈说，哥哥要有当哥哥的样子！"

强迫孩子分享，最见效的就是让他学会自私和掠夺。显然，小可已经学会了。

要知道，孩子们对玩具的挚爱，不亚于大人对所爱之物的追求，每个看似很小、很旧的玩具都可能是他极为珍视的"宝贝"。尤其家有两个孩子，处理这方面的问题就更需要科学的方法了。

1. 家里的物品最好分清归属人。什么是属于弟弟的，什么是属于哥哥的，什么是属于爸爸、妈妈的。任何一个人使用其他家庭成员的物品时，都要去商量，获得允许之后再使用。爸爸妈妈要做好榜样，让小可和弟弟看到，动别人的东西是需要征求同意的。

2. 平时也可以讲关于分享的小故事给他们听。让小可和弟弟一起听，一起讨论：故事中谁做得对？谁做得不对？为什么？妈妈在一旁引导、总结，让他们懂得，与人分享是一件令人愉悦的事。

3. 当小家伙为同一个玩具争抢、哭闹时，一定不要强行夺走哥哥的东西，最好能引导他去想办法。试着蹲下来对他说："你和弟弟同时喜欢这个玩具，有什么办法能让两个人都玩到呢？"他们自己提出的解决方案，一般就不觉得爸爸妈妈偏心和强迫了。

总之，分享是件快乐的事情。当小可很愿意分享自己的物品时，爸爸妈妈一定要及时表扬，让他感受到分享的快乐。尤其是分享给弟弟，一定不能让小可觉得是弟弟霸占了他的一切，而应该对他让着弟弟的行为表示肯定，这样他才会引以为荣，心甘情愿与弟弟分享。

先从家庭成员之间开始，让小可感受到分享带来的快乐吧，他一定能给弟弟做个好榜样！

也被强迫谦让过的小刘老师

第 38 封信

您内心深处相信您的孩子吗?

琳琳妈妈:

您好。

到今天,琳琳入园整整一年了,这一年里,琳琳和小朋友相处得非常好,大家都很喜欢她这个多才多艺又机灵可爱的小女孩。但有一点,也是让您比较苦恼的,无论怎么鼓励,琳琳都不肯在小朋友面前表现自己,尤其有陌生老师在场的时候。

六一儿童节她不愿意上台跳舞,上课也不愿参加故事表演,连陌生老师问她叫什么名字她都半天不肯说话。琳琳为什么如此不自信呢? 我想这可能与您和琳琳爸爸平时的教育有很大关系。我相信您是一位负责任的妈妈,您花了很多时间培养琳琳,希望她从小出类拔萃。然而很多错误的教育方法,往往都是在不知不觉中起到负面作用的。

请问您信任琳琳吗？不要斩钉截铁地告诉我"当然信任"，其实很多父母都是不够信任或完全不信任孩子的。想一想，您有没有对琳琳说过下面这些话：

"你再不好好练习，楼上的 ×× 就超过你了。"

"你那点儿小力气肯定拿不动，别添乱了，进屋画画去！"

"你别一个人出去，会被坏人抓走的。"

"你从小五音不全，不适合当歌唱家！"

······

每个父母都"望子成龙""望女成凤"，实现这个期望父母需要信任自己的孩子。如果经常打击孩子，孩子不仅理解不了父母的期望，可能还会因此产生消极情绪。她的努力被忽略，就连尚未尝试的事情有时也被父母的一句话否定，换成您，您会不会感到难过和沮丧呢？

信任，尤其是来自父母的信任，对孩子来说就是最大的力量源泉。琳琳喜欢跳舞，我知道您也非常支持她，牺牲自己周末的时间陪琳琳上舞蹈班，但是您似乎过于"望女成凤"了，无论琳琳上哪个班，您都要求她必须做到最好，集体表演必须是主角。

起初琳琳只是单纯喜欢跳舞，只要有音乐有镜子，她就快乐得像个精灵。后来因为妈妈的高要求，总觉得她应该更努力，对她来说，舞蹈就渐渐变成了必须完成的任务，怎么跳，跳什么，什么时候跳，都要严格按照您的标准才行。

"你果然不如硕硕，看人家硕硕跳得多好。"

"这支舞学不会，比赛肯定拿不了第一。"

"你是不是不想跳？那以后别进舞蹈班！"

……

我想您是为了激起琳琳的斗志，让她认真对待跳舞，但琳琳毕竟不是成人，她接收到的信息只是自己不如硕硕，不适合跳舞，比赛不会拿第一，说不定哪天妈妈就不让学舞蹈了。琳琳总受到这样的负面打击，您觉得她还会自信吗？还会喜欢表现自己吗？

其实她跳舞真的很不错，她和硕硕都是舞蹈班里出类拔萃的小精灵。只是硕硕的妈妈更多是在鼓励孩子，而您的方式可能会打击到孩子。

说到这儿，您大概也明白了，孩子是需要信任的，信任是对他们的一种尊重。当琳琳跳舞不如硕硕的时候，您可以尝试用温柔的语气鼓励她："琳琳加油，你一定可以跳得更好，妈妈相信你。"这样的鼓励，会使琳琳变得更自信，妈妈说她能行，她心里就有了希望，并燃烧起为希望而奋斗的热情，永远告诉自己：我能行！

当然跳舞只是其中的一件事，还有很多生活细节需要您去留心和思考。类似上面说的"你那点儿小力气肯定拿不动，别添乱了，进屋画画去""你别一个人出去，会被坏人抓走的"，这些虽然和学东西看似没关系，但也会影响孩子的自信。

总觉得孩子力气小，不让她动家里的东西，这不仅会打击孩子的积极性，让她觉得帮妈妈干活是不对的，同时还给她一种消极暗示，"我力气小"，甚至"我不行"。

总担心孩子的安全，于是千叮咛万嘱咐，还用被坏人抓走这样的话吓唬孩子，最直接的后果就是会让孩子变得胆小，缺乏安全感。如果能这样鼓励孩子："没关系，宝宝，万一你找不到妈妈了，一个人别害怕，问问旁边的叔叔阿姨，很快就有办法找到妈妈的，你一定能做到！"听了妈妈这样说，孩子会不会自信很多呢？"我不怕，我一定有办法！"

多用积极、正面的语言去跟孩子交流吧，孩子需要爸爸、妈妈的充分信任和尊重。在被信任中长大的孩子才会积极、乐观、自信、勇于表现，不是吗？请相信琳琳，加油！

始终信任每位小朋友的小刘老师

第 39 封信

真正做到尊重孩子并不容易

同同妈妈：

您好。

同同是不是最近总爱跟您唱反调，不像以前那么听话，也不爱待在您的怀抱里跟您一起看动画片了呢？如果我说同同在班里是最懂事的小朋友，您一定不敢相信吧？

孩子们的世界和成人的不同，需要我们大人蹲下来走进他的心灵，才能真正了解。很多时候就是因为成人不够了解孩子，才会做出很多出发点是好的却会伤害孩子的事。

在小事上，爸爸妈妈应尽量尊重孩子的意愿，不要因为过度担心孩子而束缚住他们的手脚，更不要大包大揽，直接替孩子做决定。给孩子自由、独立、主动的空间，让他们的个性自由发展。

记得有一天放学早，同同想在幼儿园玩一会儿滑梯再回家，可是早晨刚下过雨，滑梯有点不干净。怎么办呢？您赶忙拉住同同，告诉他滑梯很脏，应该去玩平衡木。结果同同非玩滑梯不可，纠缠了半天之后您生气地抱起他，直接走出了幼儿园。

同同哭了，作为妈妈您肯定比谁都心疼，可是您问过同同为什么非玩滑梯不可吗？前几天组织玩滑梯比赛，同同那一组得了第一名，老师们都表扬同同遵守规则、跑得稳、滑得也快。我想，同同只是希望您也看到他的优秀，为他骄傲。

这样的事情在生活中太普遍了，大人只会用自己的想法判断哪种玩具更适合，而没有考虑孩子的意见。虽然弄脏衣服确实不好，但如果都不跟孩子商量一下，直接替孩子做决定，您觉得他会愿意吗？是他要玩，不是妈妈要玩，妈妈凭什么判断哪种好，哪种不好呢？妈妈玩过幼儿园的滑梯和平衡木吗？我们只是监护人，保护好孩子的安全就行，至于玩什么，怎么玩，我想还是交给孩子自己做决定，充分尊重他们的意愿更好。

不要过度担心孩子，他有权利释放自己的天性，并且孩子只有在玩耍中才能充分思考、探索、享受快乐。衣服脏了洗洗就好，如果当天实在不适合玩滑梯，您可以温和地跟孩子商量，讲清楚不玩滑梯的原因，完全征求同同自己的意见，让他感受到自己是被尊重的，下次他才会讲道理，愿意听您的建议。不是吗？

另外，您觉得同同交朋友没有原则，什么朋友都交，常常让您不得不详细了解他的每一个玩伴。其实同同刚升幼儿园中班，他的那些玩伴和成人眼里的朋友是不一样的概念。我们大人千万别用成人的交友标准去干涉同同怎么选择玩伴。

同同想和乐乐玩，您说乐乐一个字都不认识，不是好学生；同同想和小斌玩，您说"小斌总是咬小朋友，咬你怎么办"；同同经常提起楼下的麦哲，您说麦哲的爸爸很凶，不要去他家。等到同同没有玩伴了，您就去邀请同事家的孩子，说豆豆哥哥学习好，认识很多字，同同多和豆豆哥哥在一起，慢慢也会变得聪明。

可是同同妈妈，孩子也许根本理解不了，为什么爱咬人就不能做朋友？他和麦哲是好朋友跟麦哲的爸爸有什么关系？会认字的是豆豆哥哥，为什么自己跟他玩就会变聪明？这些在同同的心里是没有逻辑关系的。

想象一下，如果您的妈妈现在出来干涉您与别人的交往，您是不是会觉得老妈管得太多了呢？您有自己的交际圈，有自己的交友标准。其实孩子也一样。

别看他们小，但是他们完全知道和谁玩得开心，和谁玩没意思。对，孩子的玩伴真的只是玩而已，他们眼里的朋友并不像成人之间有那么多利益关系。如果您希望老人尊重您与人交往的自由，也请您尊重一下孩子对玩伴的选择吧。

只要对孩子讲清楚每个玩伴身上的优点和缺点，什么可以学，什么不该学就好，不要去干涉他的决定。慢慢长大以后，小家伙自然会有正确的判断。只有在与人不断交往的过程中，孩子才能锻炼各方面能力，分清是非，学会与人相处，完善自己选择朋友的标准。

尊重孩子对玩伴的选择，他们才会愿意对您讲小伙伴之间的事，听取您的意见。

好了，一封邮件的内容有限，尊重孩子，孩子才会尊重我们。加油，同同妈妈！

也曾渴望被尊重的小刘老师

第 40 封信

处罚孩子须谨慎

妙妙妈妈：

您好。

关于昨天妙妙推倒小朋友的事，张老师并没有让您严厉惩罚妙妙的意思。现在妙妙不喜欢张老师了，因为张老师向妈妈告状，害得妙妙晚上被狠狠地处罚了。

妙妙不到四岁，这个年龄的孩子心理发育不完善，不能完全分清是非对错，犯错误是在所难免的。如果每次犯错都要被妈妈狠狠地处罚一顿，她幼小的心灵会不会留下阴影呢？

我并不是鼓励您完全任由孩子犯错不管，只是惩罚孩子要讲究方法，这样才能达到教育的目的。

打骂是绝对不可取的，这不仅会伤害孩子的自尊，也会影响亲子关系。类似昨天的事，张老师的处理方法是：扶起来被推倒的小朋友并进行安慰，然后把妙妙叫到一边，单独问她为什么推小朋友。妙妙说不出原因，张老师决定原谅她一次，并警告不可以再推别人了，如果明知故犯就会告诉妈妈。妙妙点头同意了，但她下午又推了那位小朋友。

这时候张老师必须兑现承诺，让妙妙看到不遵守承诺的后果，这样她下次才不会忽视双方约定的规则。通过张老师的处理方式，我们可以看到以下这些原则：

1. 不要当众惩罚孩子，保护孩子的自尊心。就像张老师那样，把妙妙叫到一边，单独问她事情的经过，讲明错误的严重性。

2. 和孩子一起制定规则，让她清楚地知道什么事能做，什么事不能做，做错事要接受什么样的惩罚。

3. 违反了就一定要按规则处罚，不能只说不做，让规则形同虚设。这也是张老师为什么必须"告状"的原因，妙妙违反了约定，她需要承担破坏规则的后果，从而建立遵守规则的意识。

平时生活中，每个孩子都难免犯些小错误。比如上次去商场，我刚好经过儿童专区，看见班里的昕昕正坐在地上号啕大哭。不用问，肯定是她想买玩具，但妈妈不同意。仔细分析一下，昕昕坐在地上大哭无非就是想引起妈妈的重视，表达她对玩具的不舍。如果实在没有买的可能，"冷处理"是个不错的方法。只要不影响商场秩序，闹就让她闹一会儿，当她哭够了，看到妈妈仍然态度坚决，一定会明白妈妈的底线。看到哭没有用，她自然就不哭了。

也许您会问："要是错误比较严重，冷处理解决不了怎么办呢？"别着急，小孩子做事没轻没重，是非观念还很模糊，很多时候确实需要实质性的惩罚，才能引起他们的重视，深深刻在心里。所以罚是必须要罚的，只要在罚的过程中注意几个原则即可，以罚站为例：

1. 罚站最好选择不起眼的地方，不要让家里的其他人尤其是客人很容易看到他。

2. 罚站之前要让孩子清楚为什么罚他，不能让孩子稀里糊涂地被罚。很多家长会很气愤地说："站在这儿好好想想，你到底哪儿做错了！"其实很多时候孩子并不能很清楚地认识到自己的错误，家长要明确告诉孩子惩罚他的原因，让孩子心服口服。

3. 协商罚站的时间，不能看心情，什么时候气消了什么时候叫他回来。惩罚要把握好尺度，时间不宜过长，在孩子能看到的地方放一个计时器，让他在约定的时间内反省自己的过错，时间到了，惩罚结束。

4. 罚完要让孩子说出错在哪里，以后怎么做。不能为罚而罚，不问效果。如果小家伙已经认识到自己的错误，并保证下不为例，惩罚就到此为止，切忌喋喋不休、反复唠叨。

最后需要提醒的是，全家人必须"统一战线"，不能妈妈惩罚了妙妙，爸爸又觉得妙妙委屈。奶奶罚妙妙一小时不看动画片，爷爷却抱她去卧室看光盘。这样孩子就有了靠山，也就失去罚的意义了，自然没有效果。

希望妙妙在您的"惩罚"下，变得越来越优秀。加油，妙妙妈妈！

小时候经常被罚的捣蛋鬼小刘老师

第 41 封信

再忙也要留出时间给孩子

惠惠妈妈：

　　您好。

　　现在是周六晚上十点半，由于准备秋季亲子运动会，幼儿园的全体教师这周都没休息，虽然工作很忙很烦琐，但我还是决定熬夜给您写这封邮件。

　　惠惠是由姥姥带大的。通过大半年的相处，我了解到，姥姥刚被您从乡下接过来，专门接送惠惠上学，每天只负责生活上的必要照顾，并不知道如何陪惠惠玩游戏，更谈不上教育了。用姥姥自己的话说："我一个乡下老太太，没文化，能把孩子看好就成。"

　　您平时工作比较忙，生活也没有规律，能拥有空闲是很奢侈的事情。这一点我非常能体会，现在的年轻人多以事业为重，生活的压力迫使我们必须拼命赚钱，不敢有一刻松懈，希望能让家人过上更好的生活，不为衣食住行和孩子的教育问题发愁。

但您在拼命工作的时候惠惠在做什么？她真的因为妈妈的高收入而快乐地生活吗？我想您可能并没有想过。

您可能会说："姥姥不是把惠惠带得挺好吗？不哭不闹，每天都上幼儿园，个子还长高了呢！"没错，姥姥的确照顾得无微不至，她在乡下只有自己一个人，儿女不在身边，惠惠就是老人家唯一的感情寄托，对惠惠一定是百般疼爱的。

这样很好，您也很放心，但您是不是真的思考过惠惠需要什么呢？

惠惠在幼儿园很不合群，不喜欢加入别人的游戏，也不允许别人加入她的。有一次豆豆想玩过家家，当时有些早，小朋友大多还没到幼儿园，只有惠惠安静地坐在那里。"惠惠，快过来，咱们一起玩过家家！"惠惠看了一眼豆豆，没说话，但是从眼神能看出她根本不愿意和豆豆玩。

"大不了我让你当妈妈，这样可以吗？"豆豆还在邀请。直到班里来了第三个小朋友，惠惠终于说话了："臭豆豆，晨晨来了，你不会找晨晨当妈妈呀？别喊我！"刚走进活动室的晨晨一头雾水，豆豆也愣在那里，不知道哪句话惹惠惠生气了。

不仅如此，惠惠的行为习惯也慢慢发生着变化。刚入园的时候是您亲自接送，我清楚地记得入园前一天您带惠惠来参观，当时地上有一块小朋友扔的苹果皮，惠惠看见了直接跑过去，一边捡一边问我："阿姨，小朋友把苹果皮扔地上了。"我看着她的眼睛，示意垃圾桶在门后面。您一定也很感动吧？这是一个多么懂事的孩子。

可是最近一次吃午点的时候，我在每个桌上都放了小托盘用来装西瓜籽和吃剩的西瓜皮。吃着吃着，突然有位小朋友摔倒了，疼得呜呜直哭，原来是不小心踩在了西瓜皮上。

"果皮不是应该放进小托盘吗？是谁不爱护公共环境，随便扔地上的？"同桌的四个小朋友一起看向惠惠，惠惠也承认了是她扔的，但她拒绝道歉，也认识不到乱扔果皮的严重后果。

"那是硕硕自己不小心的。"

"老师有没有说过要把吃剩的西瓜皮放进小托盘？"

"姥姥说让我扔地上，吃完她会扫地。"

很惊讶吗？为什么惠惠和刚入园时相比，发生了这么大的改变？我想这可能是因为惠惠跟着姥姥社交圈比较小，缺少玩伴，并且平时对于卫生习惯强调不足所造成的。下面我有些建议给您：

1. 能在白天做完的工作尽量不要带回家。晚上加班就会牺牲陪孩子的时间，不仅会错过家庭教育的最佳时机，也会让您和孩子的关系变得疏远，她会觉得妈妈不爱她了，这比任何事都要可怕。

2. 无论如何周末都尽量不加班。工作是死的，人是活的，只要您愿意，大概率是能留出一天时间来陪孩子的。周末是小朋友最喜欢的日子，因为可以和爸爸妈妈一起去玩，您希望惠惠这样的经历是空白吗？

3. 尽可能多培养孩子一些好的习惯。比如，果皮要扔进垃圾桶，不玩的玩具要收进玩具柜，公共场所不大声喧哗，爱护公物，自觉排队，不争抢，等等。这些好习惯会影响孩子的一生。

4. 提醒老人纠正不良教育观念。毕竟姥姥带惠惠的时间更多一点，如果姥姥跟您教育方法不一致，不仅收不到效果，相反还会抵消您自己的教育成果，您说对吗？

相信我，忙妈妈照样可以教育好孩子，只要您有信心。

仍在加班写邮件的小刘老师

5.

孩子的心思，这么猜

每个孩子都有自己的心思，
成年人要注意不要把自己的想法强加到孩子头上。
读懂孩子的心思是为人父母的必修课。

第 42 封信

"妈妈，我只是生病了"

绍明妈妈：

　　您好。

　　今天早晨绍明说什么也不肯起床，您一定很生气吧？您尝试讲道理，告诉他："不上幼儿园就会变笨""最后一个到幼儿园，小朋友都该笑话你了""再不起床妈妈可就上班去了"。绍明听了不仅没起床，还放声大哭，怎么哄都没用。最后您终于发火了，强迫绍明穿上衣服，把他拉下了床。您没好气地说："都上幼儿园了，还像个小泪孩儿一样，整天就知道哭，什么时候才能长大？早知道这样当初就不生你了！"

　　绍明哭得越来越厉害，突然腿一软，坐到了地上。一摸，额头竟然发烫！您当时吓坏了，抱起绍明就往医院跑，边跑边掉眼泪。我知道您一定后悔训斥了孩子，感觉自己不是一个称职的妈妈。

其实，大部分家长都不喜欢爱哭的孩子。现在的孩子绝大多数是独生子女，哪个父母不希望唯一的宝贝开心快乐？我总听到有家长说"哭不是好孩子""不许哭，赶紧把眼泪擦了""再哭就不漂亮了""妈妈不喜欢爱哭的孩子"……但很少有父母在第一时间关注孩子为什么哭。

　　孩子哭有很多种原因，今天绍明的哭明显是因为病了。当孩子身体不舒服、生病或者摔跤的时候，哭只是一种本能，和"不乖"扯不上任何关系。他非常想告诉妈妈"我生病了，请带我去医院"，但是孩子本身语言发展不太好，加上身体虚弱，除了哭泣没有别的办法表达和引起父母的注意。这时候孩子的哭泣不代表不听话，更不能说明孩子不愿意上幼儿园。

　　关键时刻您没有注意到孩子的身体状况，反而一直强调不上幼儿园的害处，这让本就不舒服的绍明觉得更加委屈。

　　班里有一个小朋友叫铭铭。铭铭妈妈工作很忙，即便偶尔有时间带孩子出去玩，也是工作的电话响个不停。有一次铭铭妈妈在幼儿园里等待玩滑梯的铭铭和姐姐，中间铭铭妈妈接到一位客户的电话，但是电话还没接完，她就听见铭铭在滑梯下面大哭，不看还好，看了一眼他哭得更大声了。如果换作您，估计也会很生气吧？这是一个非常重要的电话，铭铭冲着妈妈的哭喊声越来越大，妈妈完全听不清楚电话里对方在说什么，最后铭铭妈妈很无奈地挂断电话，气呼呼地走到铭铭身边训斥道："铭铭！没看见妈妈接电话呢？幼儿园这么多小朋友，哪个像你了？赶紧给我起来！以后再也不带你玩滑梯了！"

我站在不远的地方看着，很心疼铭铭。他忍着不敢哭出声，但眼泪是忍不住的。直到我走过去，轻轻地抱住了他："铭铭乖，不哭了好吗？老师都看到了，是姐姐刚才推你，让你摔在地上了，对不对？老师知道你一定很痛，但铭铭是小小男子汉啊！"他用袖子擦了擦眼泪，委屈地对我说："那我以后还是男子汉吗？"我重重地点点头："当然是了！刚才姐姐不是故意推你的，对不对？铭铭还是一个宽宏大量的好孩子，一定会原谅姐姐的！"铭铭笑了，站起来拍拍腿上的灰，又拉上了姐姐的手。

这件事给我印象很深，因为我永远都不能忘记铭铭无助和委屈的表情，他是那么需要理解和关怀。最重要的是，他需要学会坚强和原谅，而这些宝贵的教育机会不应该用几句责备来扼杀。在日常生活中，爸爸妈妈经常对孩子进行积极的暗示和鼓励，能取得惊人的效果，让小孩学会独立和坚强。

换位思考一下，当我们大人受伤或生病的时候，最希望的是家人和朋友的关怀、公司老板的理解。谁愿意听到家人对生病的自己说："多大的人了，躺在床上一点正事儿都不干？"更不愿意听到公司老板严厉训斥带病工作的你："这么多工作没做，你还有时间犯困！"

孩子也一样。

作为父母，当孩子哭泣时，应该首先观察一下他有没有受伤或者生病，排除掉之后，再去考虑其他的可能。

您不妨弯下腰，给孩子一个拥抱，温柔地问问他："宝贝是不是生病了？哪里不舒服吗？没关系，有妈妈在身边，不用害怕。"绍明听到这样的话，一定觉得很温暖，很有安全感，也就不需要用哭来表达他的感受了。同时，我们也要及时引导孩子学会坚强，告诉他："你已经长成大男子汉了，这点病没关系，吃了药就会好。你这么坚强勇敢，一定不害怕，妈妈相信你！"

另外，抓住机会有意识地训练孩子的语言表达能力也很重要。

绍明还不能特别清晰地表达自己的感受和想法，当他身体不舒服想告诉妈妈时，就用哭代替了语言，以引起您的注意。这时候我们一定要了解孩子哭所释放的信号，第一时间判断他是不是病了，引导他主动去表达、描述，千万不能不问缘由就训斥孩子是"小泪孩儿"。

一样爱绍明的小刘老师

第 43 封信

"能让我哭一会儿吗？"

思琪妈妈：

您好。

上个周末我去公园散步，看到思琪在玩木马。正玩得高兴时，邻居家的乐乐跑过来，抢了她的玩具，思琪争了半天没能抢回来，眼睛里泛着泪花。她看了看您，希望您能过去帮她。

但您没有过去，我想一定是碍于邻里间的面子吧？我看到思琪无奈地蹲进亭子里抹眼泪，旁边的邻居还故意逗她，说她抢不过乐乐就知道哭，这么大了，跟林黛玉似的。思琪不知道谁是林黛玉，但她能感觉到这些话是嘲笑她的。

她那时希望有人安慰她，可是思琪妈妈，您过去跟孩子说："快起来擦干眼泪，看别人都笑话你呢！""你都玩半天了，让给弟弟玩一会儿是应该的！""还哭是吧？妈妈不喜欢你了！"

思琪看着您，眼里满是委屈。

我看到了赶忙跑过去，您轻描淡写地介绍了一下事情经过，还说小孩子之间抢东西很正常。是很正常，但正常不代表可以忽略孩子的感受。

您当时一定听到我对思琪说的话了吧？

"琪琪，老师知道你受委屈了。他没跟你商量就抢了你的玩具，你很生气，对不对？是乐乐做错了。琪琪是个好孩子，想哭就哭一会儿吧，哭完了老师陪你玩跷跷板，好不好？"

思琪抱着我的脖子放声哭了半天，没错，是放声大哭。哭完拉着我跑去玩了跷跷板，玩得非常开心。

您还记得这件事吧，是不是会觉得我在小题大做？其实孩子和大人一样，也是有情绪的。他们会开心，同时也会难过，会委屈，会哭。我们要接纳孩子的一切情绪，当然也包括哭，实在不应该强行制止，还把"哭鼻子的孩子不是好孩子"一类的话挂在嘴边。这样说有可能暂时管用，但孩子是因为害怕才不哭的，她的负面情绪得不到任何宣泄。

而负面情绪如果得不到宣泄，在心里积攒久了孩子很容易生病。大人可能会有很多朋友可以倾诉，但是孩子没有。大人可以通过写日志或博客表达出来，但是孩子不会。孩子有了不良情绪唯一能宣泄的方式就是——哭。很多时候，孩子只是心里委屈，只想自己哭一会儿，哭完了也就没事了。

想想我们大人也有遇到不顺心的事，有想哭的时候，这时如果旁边的人大声呵斥，让我们把眼泪憋回去，我们会不会也会觉得委屈？我们只是想宣泄心里的不痛快，不希望连这点权利都被剥夺，孩子也一样。这一点您同意吗？

既然这样，那就一定要及时帮孩子宣泄不良情绪，别再强行制止孩子的眼泪了。以下几条建议给您：

1. 耐心倾听孩子的委屈，她负责说出来，您负责理解。把孩子当成受了委屈的您自己，想想她有多希望得到关怀。给她一个理解的拥抱，然后用温和的语气引导她把心里的不痛快表达出来。这个过程可能会很长，孩子的表达能力不完善，加上心里委屈，说话有些哽咽，我们一定要拿出足够的耐心听她说完。您的耐心教她学会倾诉，您的拥抱教她学会坚强。

2. 如果孩子不肯说，也不用强求，只要搂着他，听他哭，不需要任何语言。这一点说起来简单，做起来就难了。很多父母一看见孩子哭心里就慌了，不停地问孩子怎么了，问久了孩子不说便急得团团转。孩子哭的时候如果不愿意说，我们一定不要表现得比他还烦躁，那只会让孩子觉得这件事实在太糟糕了。安安静静地陪着孩子，让他感受到即便天塌下来，他还有爸爸妈妈。

3. 不要说"哭鼻子的孩子不是好孩子"。哭为什么就不是好孩子呢？哭有很多种原因，因害怕而哭需要学会勇敢，因受伤而哭需要学会坚强，因委屈而哭需要学会宣泄，父母要做的是教会孩子勇敢、坚强和宣泄，而不是简单地贴一个"小泪孩儿"的标签在孩子身上。您会发现，越是说孩子"小泪孩儿"，他就越是爱哭。

另外，我们还要多鼓励孩子面对问题、解决问题。有了独立解决问题的能力，委屈的来源就会变少了。好了，思琪妈妈，还是那句话：让眼泪飞一会儿吧。接纳、倾听、理解、关爱、鼓励。让孩子做自己情绪的主人，每个孩子都是阳光、快乐的。

接受孩子眼泪的小刘老师

第 44 封信

孩子的心思要慢慢懂

小桃妈妈：

您好。

小桃的情绪好点了吗？这几天她没来幼儿园，老师和小朋友们都很想念她。

上周小桃在幼儿园一直很开心，因为她最喜欢的硕硕从老家回来了。每天我们都看到两个小女孩手拉着手，唱着幼儿园里新学的儿歌，偶尔互换各自带来的玩具，别提多开心了，老师们都很喜欢她灿烂的笑容。

可是就在周一的早晨，隔壁班的方老师过来送教案。她像往常一样蹲在小桃的旁边，一会儿问她"今天谁送你来的呀"，一会儿又问她"这个裙子真好看，谁给你买的"，小桃表达很流利，方老师都不舍得离开了。正当我忙着接待其他小朋友时，突然听到小桃哇哇大哭，像受了什么惊吓一样。如果不是方老师，我甚至怀疑身边的人对她进行了恐吓！

事情是这样的——方老师和小桃交流得很开心，不知不觉问到了小桃的才艺问题，非让她跳个孔雀舞给老师们看看。起初小桃低下头不愿意跳，方老师觉得是小美女太腼腆了，需要鼓励她一下，结果小桃一下子就哭了。方老师连连道歉，小桃的哭声却越来越大，最后只能让方老师先离开一会儿。

我没有说话，蹲在小桃的旁边轻轻抱住她，不时拍拍她的后背，示意她可以尽情地哭。她确实哭得更厉害了，鼻涕和眼泪都弄湿了袖子，直到五分钟后才渐渐平静下来。我问："小桃为什么哭呀？"她不说话，明显又有点抽噎。我换了语气继续问："老师知道你心里很难过，是因为方老师说了什么话吗？"小桃点点头，随后又摇了摇头。"方老师很喜欢你，对吗？""嗯。""那你喜欢方老师吗？""喜欢。""方老师说了什么让你很伤心？"小桃又不说话了，我也没再问，只是抱着她，当一切都没有发生过。

下午放学时我单独跟小桃爸爸说了事情经过，从小桃爸爸那里了解到，小桃多半是想起了在家时的某些经历。

小桃爸爸每个周末都会带她去姑姑家，因为姑姑家有个同龄的小哥哥。小桃姑姑一直都想要个女儿，每次见到小桃就像见到自己的女儿一样，很亲热。听说小桃报了幼儿园的舞蹈班时，那天姑姑和姑父都想欣赏一下小桃的孔雀舞，大概是幻想自己女儿跳舞的样子吧。当小桃开心地跳完一支还不太熟练的《金孔雀》

之后，姑姑和姑父在一边捧腹大笑，笑得眼泪都出来了。

一边的小桃突然跑进卧室，趴在床上大哭起来，怎么劝都不行。姑姑姑父表示不知道小桃会这样，重复强调自己只是觉得很好笑。

可能爸爸当时太尴尬，就走进卧室把小桃抱出来放在沙发上，训斥说："到别人家做客不许这么没礼貌，你看小哥哥都笑话你呢，赶紧把眼泪擦了！"

……

姑姑家的事情在小桃心里一定留下了阴影，她才会在方老师提出看自己跳舞之后表现得如此反常。小桃爸爸对我说："小孩子不记事，睡一晚上就忘了，不可能是这个原因吧？"我不赞同小桃爸爸的话。回忆一下，您小时候有没有一两件让您感到很痛苦的事发生过呢？记得我五岁的时候，有一次很想吃香蕉，而当时家里来了客人，香蕉只有一根了，妈妈就强迫我把仅有的一根香蕉让给客人的孩子。我当时委屈极了，在心里暗暗地发誓：等我长大了，就买很多很多香蕉，一根都不给妈妈吃！

我妈妈也认为小孩子不记事，睡一觉就忘了，可是直到今天我还清楚地记得，自己是眼睛都不眨地看着客人的孩子吃完那根香蕉的。那次经历给我的童年留下了抹不掉的阴影，我觉得妈妈不爱我，这是多么可怕的想法。

小孩子有自己的心思，爸爸妈妈总喜欢从成人的角度出发去猜测，猜来猜去都是成人的想法，离孩子的心思还差很远很远。用错误的猜测去处理孩子的事，您觉得会是什么结果呢？

相信我，孩子的心思不是去猜的，需要父母耐心引导和沟通，了解他们真正的想法。不要让小桃和我一样，把童年的不快乐和对父母的不满一直铭记到现在——每每想起，我还能感受到当时的孤独和无助。以下几条建议可以帮助您慢慢懂得孩子。

1. 当孩子的行为反常时，不要急着责怪，用妈妈特有的温柔引导孩子说出来。处理之前，一定要确保自己已经了解小家伙行为背后的真正原因，要相信孩子不会无缘无故变得反常。

2. 多和孩子聊聊天，增进亲子关系。像成人一样，孩子也愿意把心事说给她信任的人听。如果您的孩子不信任父母，那父母永远也走不进她的内心世界。

对于跳舞这件事，希望您不要认为过段时间小桃就忘了，如果不采取措施，她很可能永远都不会忘，也一定不再喜欢跳舞了。建议您找个适当的机会和小桃聊聊，告诉她："跳得不好是因为刚学一个星期，老师刚学跳舞的时候也跳不好，也常常跳错，但是只要坚持练习，总有一天会跳好的，小桃会比老师跳得更好！"让她认识到刚开始跳不好是很正常的事，面对外界的不认可要学会坚强，坚持自我，并朝着梦想不断努力，相信总有一天会获得掌声！

只有这样才能让小桃慢慢放下包袱，接受不完美的自己，坦然面对姑姑姑父的不是有意的"取笑"和爸爸的不理解。您说对吗？

认为小桃跳舞很棒的小刘老师

第45封信

孩子的画不是看的，是听的

小丫妈妈：

您好。

上美术班有一段时间了，我们都认为小丫对绘画很有热情，想象力也够丰富，她的作品经常被老师放在画室的公告栏里展览。可您总觉得小丫画来画去没什么长进，该不圆的还是不圆，该不像的还是不像。

上次，您来美术班接小丫，她正在画一个半圆形的太阳，像一顶草帽。小丫笑着问："妈妈，看我画得好不好看？"您匆匆瞥了一眼，很不高兴："好了好了，赶紧收起来，妈妈还有要紧的事要办！"

"动作快点儿啊，装不下就扔这儿吧！"

"可是……"

"可是什么？改天画个像一点儿的再给爸爸看！"

您可能没注意到小丫的表情吧？她的脸上写满了失落。

她之所以画了半圆形的太阳，是因为暑假您和爸爸带她去海边看日出，她看到红红的太阳从地平线一点一点探出脑袋，觉得露出一半的时候最可爱了，像是一个淘气的宝宝在玩躲猫猫，所以她很兴奋地把太阳宝宝画了出来。您一定没看到，图画的最下面还画了很小的三个人。这不仅是她记忆中的太阳，还是她和爸爸妈妈在一起幸福的回忆。小丫把这一切幸福和美好都画在了纸上，您不但没有理解反而怪她画得不像，甚至连看都不看。

她会不会很伤心呢？她可能觉得妈妈不记得那件事了，觉得妈妈不认为全家一起看日出是最幸福的事情。最让孩子感到难过的，莫过于孩子认为妈妈不喜欢和她在一起。

其实孩子的画不是用来"看"的，而是用来"听"的，学画画更不是为了成为画家。很多父母对孩子的绘画教育都存在误区。

不知道在生活中，您有没有说过这样的话：

"能好好画吗？这么贵的纸都让你涂烂了！"

"她就会瞎涂，乱糟糟的，哪有你们家牛牛画得好。"

"你看你画的兔子，像猫一样，兔子的耳朵是那么小吗？"

"跟你说过多少次了，苹果是红色的！"

在很多大人的心里，都觉得画得"像"才算会画，画得不像就不算会画。太阳一定是圆的，兔子的耳朵一定是长的，桃子一定长在树上，绝不可能出现绿色的花、红色的云，其实这种观点是很不科学的。

您想一想，小婴儿不会说话，表达喜怒哀乐的方式只有哭或者笑。我们一定不会去评价一个婴儿哭或笑得标不标准、好不好听、像不像，只要理解哭是因为饿了，笑是因为饱了，足矣。

小丫年龄还小，她的语言能力发展不完善，很多心里的想法、感受都没办法准确表达出来，但是通过绘画就可以。绘画是她表达内心感受、讲述亲身经历的一种方式。

爸爸妈妈要做的是，倾听她画里的故事，感受她表达的情绪，只要她能说出画的是什么，无论您觉得"像不像"，都是一幅好画，要给予欣赏和鼓励。孩子所表达的东西被爸爸妈妈欣赏和认可了，才会激起更高的对绘画的兴趣。

另外，不知道您平时会不会指导小丫画点什么呢？比如，告诉她苹果是这样画的，草莓上要有黑色的小点儿。我看到过小丫画苹果，无论画多少个苹果，都会长着一模一样的两片叶子，似乎画三片就不是苹果了，我想这应该是受范画的影响。孩子的画不是"教"出来的，而是引导出来的。

幼儿班的美术老师上课从来不给小朋友作范画，老师或家长在孩子的绘画活动中起的是引导作用，任何时候都不要限制她的思维，或者替她操作。即使在我们看来孩子画得什么都不是，也不能帮她画，只能不断引导，让这幅画完全是孩子自己的。只有这样的作品才能真正反映孩子的内心，发挥她全部的创造力。也只有这样，她才会乐于画画，画自己的内心，而不是画别人的想法。

最后，希望您能重新认识一下儿童画，用正确的态度去倾听小丫画的画传达的心声，不要简单地要求孩子画得"像"，更不要为了追求"像"而作范画，让孩子死板地临摹。时间久了，她对绘画的兴趣也会受影响。

会用心倾听的小刘老师

第 46 封信

色彩中有孩子的内心世界

小溪妈妈：

您好。

最近小溪在美术班画了几幅差不多的作品，之所以说差不多，不是内容相似，而是颜色。您一定也发现了，她最近在绘画的时候会大量地运用黑色。

昨天美术班下课之前，小溪交上来一幅名叫《花园》的作品，名字听起来多美啊，但花园里却长满了黑色的小花，偶尔有几朵深紫色的。我记得前几天她画了一幅《雨后彩虹》，颜色很鲜艳，蓝蓝的天空中彩虹在跳舞，朵朵白云在唱着歌，还有微笑着的太阳公公……和这幅黑色的《花园》比起来，差异巨大。如果不是知道孩子是当场画的，我都怀疑这是不是小溪的作品。

您来接小溪的时候，看了看她那幅铺满大片黑色的《花园》，长叹了一口气，是不是觉得小溪不会画画？觉得上美术班没什么用？我看到小溪收拾东西的时候，您抓起那幅作品扔进了垃圾桶："这么难看还要它干什么，改天画一个好的带回家！"小溪闷闷地被您拉走了。

问题就在这儿：您只关注了小溪的《花园》不好看，却没问过为什么她要把花园画成黑色。这一点很重要，孩子是会用色彩表达喜怒哀乐的。

那天早晨，小溪不想上幼儿园，趴在地上画着一幅五彩缤纷的画，像在过什么节日一样。您很生气地夺走了她的画纸，看都不看就团成了球。小溪哭了，她把垃圾桶的东西全部倒出来，找到那幅被揉得皱巴巴的画，小心擦拭着。我能体会您当时的气愤，一大早刚收拾的屋子，被小家伙弄得到处都是垃圾，一定气不打一处来。于是，您训斥了她，匆忙清理现场，让爸爸送小溪上幼儿园。

可是小溪妈妈，您不知道，奶奶告诉小溪那天是您的生日，她一大早起来画的那幅名叫《生日快乐》的画是送给您的。她想妈妈一定会喜欢，但您看都没看就扔进了垃圾桶。这让小溪觉得，妈妈并不喜欢她送的祝福，也不愿意和她一起过生日。当她哭着从垃圾桶翻捡出被揉皱的"爱心"时，您又训斥她弄脏了屋子。

小溪的心情很糟糕，她觉得什么都是灰暗的，连花园都没有生机，似乎自己就是那一朵朵黑色的垂头丧气的花朵。这些内心的失落表现在纸上，就变成了黑色、深紫色的花园，看起来那么压抑，和她的心情一样。

父母觉得不值一提甚至可笑的事，在孩子眼里却是天大的事。如果我们总是耽搁孩子的"大事"，孩子怎么会不委屈呢？

类似这样的事情很多，同班的洋洋也是。他的画基本都是黑色系的，几乎很少用其他颜色。经过了解才知道，洋洋的爸爸、妈妈开了一家诊所，平时一家三口都在诊所里住，每天回到家，洋洋都会看到妈妈给很多小朋友打针。哭喊声、尖叫声、各种痛苦的表情，让洋洋感到很恐怖。诊所忙的时候，洋洋经常会一个人待在卧室，直到深夜。

他把内心的恐惧表现在纸上，就出现了黑色的树木、黑色的汽车、黑色的太阳，甚至黑色的自己。

所以，孩子的画不是"看"的，而是"听"的。我们要用心去倾听孩子的内心世界，听他们在画中所倾诉的故事，观察他们使用的色彩，了解孩子小小的想法和情绪，分享孩子的幸福与悲伤，而不是简单地用"会画与不会画""像与不像""美与不美"来评价。

就揉皱《生日快乐》这幅画并把它扔进垃圾桶这件事，我有两个建议：

1. 向孩子道个歉，告诉她妈妈错怪她了。如果可以的话，补办一个小小的生日会，全家人一起吃蛋糕，吹蜡烛，幸福地接受女儿最纯真的祝福，同时告诉她："宝贝，谢谢你送给妈妈的礼物，妈妈很喜欢也很感动。"

2. 别责怪孩子用了"错误"的颜色。色彩是用来表达心情和情绪的，色彩本身没有对错。要通过观察孩子的画面色彩，及时了解她的喜怒哀乐，别让孩子小小的心灵留下阴影。还是那句话，父母要用心灵去感受孩子画的画所表达的情感。

曾画过黑色裙子的小刘老师

第 47 封信

您会为孩子保守秘密吗？

朵朵妈妈：

您好。

今天午睡的时候朵朵尿裤子了，这已经是她第三次尿裤子，您似乎有点不耐烦。每次穿幼儿园的备用裤子回家，第二天再把备用裤子送回来，您都觉得很麻烦。所以听到朵朵尿裤子的消息，您的脸色通常都不好看，边责备边拉着她离开了活动室。

不知道您有没有站在朵朵的立场上想过，假如您不小心在公共场合出糗了，您会希望所有人都知道吗？您愿意被嘲笑和责备吗？我想答案是这样的：那怎么行？我们是成人！没错，成人的面子很重要，但是自尊心每个人都有，朵朵也不例外。

其实尿裤子对孩子来说是很正常的，年龄小、不适应环境、心理紧张、穿脱衣服不方便、自理能力差，都有可能导致尿裤子。

这本来不算什么大事，孩子或许并不觉得这样很难为情，尿裤子和吃饭睡觉一样再正常不过了。偏偏父母说的一些话会让孩子深受伤害，比如："你怎么回事啊？每天都尿裤子！""弟弟比你小都不尿，你怎么当姐姐的？""看小朋友都笑你呢，羞不羞？""再尿裤子就穿湿的，老师不给你换了！"

在日常生活中，爸爸妈妈应谨言慎行，注意不要羞辱孩子，呵护孩子的自尊心，不让孩子的心理蒙上阴影，便是呵护孩子的未来。

当时我看到朵朵的脸颊红红的，低着头不敢看人。您的抱怨和不耐烦深深伤了孩子的自尊心，也让她对尿裤子这件事越来越在意，认为那是很丢人的事情，由刚开始主动找老师换裤子，变成尿湿了一下午都不愿承认了。

既然尿裤子很羞，为什么还要说出来让大家都知道呢？当时有几个调皮的小朋友在一旁起哄："尿裤子，羞羞羞脸蛋……"让朵朵被其他小朋友嘲笑，应该不是作为妈妈的您希望看到的。孩子的小心灵是非常敏感的，她需要外界给予足够的尊重，这不仅有助于她建立自尊心，也教会她如何去尊重别人。

所以朵朵妈妈，改变一下处理问题的方式吧，让朵朵敞开心扉，把尿裤子当作吃饭、睡觉一样正常的事情。相信我，没有心理压力的朵朵，不会一直尿裤子的。

首先，再也别说之前那些伤害朵朵自尊心的话了。如果您发现朵朵换裤子了，可以先假装没发现，或者夸夸她穿的新裤子漂亮，让她觉得妈妈并不在意她尿裤子这件事，慢慢消除朵朵对嘲笑和责备的恐惧，这样敞开心扉就容易多了。

其次，需要我们家园配合，和朵朵约定好，互相保守各自的小秘密。说到保守秘密有必要提醒一下，大人之间的秘密只要约定好一般都会被保守得很好，但是孩子的秘密对大人来说，有时候就不那么被重视了。有的大人总觉得小孩子没有秘密，很容易在跟人聊天时说出孩子要求保密的事。比如，孩子在公园摔倒了，要求妈妈不要告诉别人，下次她会注意的。妈妈答应得很干脆，可刚过一会儿，在和熟人聊天的时候就讲了出来："你都没看到，今天我家孩子在公园里摔倒的姿势帅呆了，小家伙还害羞不想让别人知道呢！"妈妈把这件事当笑话讲了出去，虽然嘴上夸孩子"帅呆了"，但孩子的敏感会告诉他，这不是什么好话，并且妈妈没有替他保守秘密。

孩子和成人一样是有自尊心的，对孩子承诺的事情一定要办到，尤其是要注意保守他不愿意被外人知道的小秘密。这样，父母不仅能得到孩子更多的信任，也能使孩子坦然地面对这件事，上述例子中的那个小朋友下次再摔跤时，就不会觉得大家都在笑他。

最后，给您一个小小的建议，在家里设置一处类似幼儿园里的"小秘密诉说角"，可以是固定的房间，也可以是固定的区域，只要朵朵有了小秘密就可以找一位信任的家庭成员去"小秘密诉说角"倾诉，被倾诉的人必须保守秘密。这样有利于朵朵恢复对您的信任。或者全家人有目的地陪朵朵玩游戏，在玩的过程中让朵朵知道，爸爸妈妈都会帮她保守秘密，心里有事说出来才会快乐。

在幼儿园里，老师们也会时时观察朵朵的点滴改变。相信我们之间的默契配合，一定会帮助朵朵重新找回自尊，找回对大人的信任，快快乐乐地度过幼儿园的每一天，尿裤子自然也会慢慢减少。加油，我们一起努力！

认为尿裤子很正常的小刘老师

第 48 封信

别在无意中打击孩子的自信心

豆豆妈妈：

　　您好。

　　不知您有没有发现，豆豆越来越不自信了。班里组织活动的时候，他很少主动参加，即便参加了也是跟着别人，几乎没有主张和想法。为了让每个小朋友都得到充分的锻炼，老师在组织活动时会经常更换小队长，小朋友们轮流担任，谁都有机会。但豆豆似乎对这样的锻炼机会并不太感兴趣，每次选他当队长，他都是低下头，轻轻地说："老师我不行，换别人当吧。"上课也是，从不举手，偶尔点到他就站起来告诉我："老师，这个我不会。"

　　豆豆在家也有类似的情况吗？我看到有一次您来接他，正好碰到楼下的晴晴在玩投球，您鼓励豆豆去和晴晴比赛，看谁投进的球多。我观察到豆豆的反应，他似乎并不想加入晴晴的游戏，而我知道，豆豆平时最喜欢投球了。

这都是小家伙没有自信心的表现，您分析过原因吗？

现在的家庭大多只有一个孩子，爸爸妈妈对孩子的期望都很高。据了解，豆豆爸爸也是这样高标准要求豆豆的，当然我并不是说要求高不好，只是方法很重要，如果方法错了就很容易让孩子失去自信心。

有一次豆豆的剪纸作品被幼儿园展出了，园长亲自奖励给他一盒油画笔，这是很光荣的一件事，但下午爸爸来接的时候，却对豆豆的奖品视而不见，还说："得个油画笔就骄傲成这样了，什么时候才能上报纸呢？"

豆豆的笑容一下子消失了，回家就把油画笔扔在桌上，不愿意再对任何人提起奖品的事。如果没记错的话，您也是几天以后才知道的吧？

爸爸的"标准"已经超出豆豆的能力范围了，他很努力也做不到爸爸要求的那样。长期没有成就感，他就会觉得自己很差，什么都不如别人好，渐渐地对自己失去信心，不愿表现。

我小的时候，父亲对我要求也很高，上小学的时候，几乎每次期末考试我都能考前三名，奖状领了一张又一张，不知道有多少家长羡慕。可是每当我回到家，父亲看到我99分的试卷，总会把我训一顿，他说没考到100分就没资格骄傲自满。印象里父亲从来没有注意过我的奖状，也没有表扬过我的成绩。

那时候我在想，是不是不管我怎么努力都不够优秀？我看到的永远是别人把我比下去，告诉自己人外有人。中学离开家之前，我都是这样一个优秀却没自信的孩子。

所以我很能理解豆豆的心情，并很清楚这种情况继续下去对豆豆的深远影响。建议豆豆爸爸能改变一下教育方式，正确看待豆豆的实际能力，不要给他提过高的要求。一旦豆豆失去自信，本来很优秀的豆豆也会越来越差，甚至自暴自弃。

具体给您几个建议，希望爸爸妈妈一起，用行动帮豆豆找回应有的自信心。

1. 不要给豆豆提过高的要求，设立的目标可以比他的实际能力稍微高一点点，通过努力就能做得到。降低失败的概率，孩子才会在成功的体验中找到自信。过多的失败体验，只会让孩子对自己的能力产生怀疑，觉得自己处处不如人。

2. 当豆豆做好了一件事，无论做得怎么样，都要第一时间给予肯定，让他感受到成功的喜悦，慢慢他就会觉得，自己其实很优秀，从而变得更乐意展现自己。鼓励的力量是巨大的，每个孩子都应该在鼓励中成长：一句简单的"你真棒"就能给孩子带来无穷的动力；一句温暖的"没关系，你只是不小心摔倒的"足以让孩子在理解中变得更加坚强。

3. 如果孩子遇事退缩，不敢尝试，请一定不要指责他。试着告诉他，其实他很优秀，他一定能做到，只要敢尝试就能做得很好。没有什么比父母的信任更能鼓舞孩子了，您坚信他能做得到，他就一定能做到。

4. 不赞成要求过高并不代表完全没有要求。如果事事代替包办，做不好也没关系，即便很差在妈妈眼里也是最优秀的，这样反而真的会让孩子变得骄傲、自满。很多父母对孩子要求过低，不能客观地看待孩子的发展水平，这样做的直接结果就是，小家伙没有上进心，自我感觉良好，处处不如人却处处不服人。

5. 全家人教育理念一致，不能爸爸严厉苛刻，妈妈却事事表扬。这样不统一的局面会让孩子找到靠山，不利于接受批评建议。

以上是我观察到豆豆缺乏自信较为明显的一部分原因，也许还有其他我没有发现的原因，需要妈妈平时多观察多留意，最好能和孩子深入沟通，引导他说出内心的真实想法。相信豆豆小朋友一定能重新建立自信。加油，豆豆！

始终为豆豆加油的小刘老师

6.

引导孩子养成好习惯

好习惯一旦养成，就能陪伴孩子一生。

引导孩子养成好习惯，

是父母送给孩子的最好的礼物。

第 49 封信

如何引导孩子正确爱上读书

小迪妈妈：

　　您好。

　　小迪又买了三本图画故事书，幼儿园的小朋友都很喜欢书里的故事，尤其是精美的配图。您在邮件中不止一次提到阅读对孩子的重要性，希望小迪从小就培养起浓厚的阅读兴趣。看得出来小迪自己也很喜欢读书，即使很多字不认识也喜欢翻着看。您做得对，每个小家伙都有自己的天赋和潜能，作为父母都该及早发现并正确培养。

　　关于小迪的阅读，我发现了一个问题：他在看图画的时候依赖性有点强，只要看不懂就会问老师，或者问旁边的小朋友，很少自己去思考、发挥想象力。

　　孩子爱提问是件好事，证明孩子对世界有强烈的探索欲和求知欲。但如果遇事不先思考总是一味地依靠提问，这对孩子的分析能力、想象力是不是一种抑制呢？

有一次看动画片的时候，小迪非得拉我在旁边陪他一起看。起初我以为他就是单纯想让我在他身边陪着他，后来才明白他为什么这么做。一集《猫和老鼠》小迪一直在不停地问我："小刘老师，它怎么了？""小刘老师，它为什么跑啊？""小刘老师，它去哪了？"……

就像您邮件里说的，小迪基本上不会通过自己的观察来理解画面内容，完全依赖大人或老师的引导和解说。这样下去，即使小迪对阅读有再浓厚的兴趣，效果也不会太理想。

究竟为什么小迪会这样呢？很多父母在陪孩子阅读的时候总会忽略一些小细节，觉得只要花时间陪孩子读书就是在培养孩子，不需要太多专业技巧，不知道您赞不赞同这样的说法？

举个例子，我经常看到一些家长拿着绘本这样引导孩子讲故事：

家长：宝宝，你看这幅图上有几个小动物啊？

宝宝：1、2、3、4、5，5个。

家长：真棒！那这几个小动物拿着篮子是要干什么呢？

宝宝：采蘑菇。（很多故事里采蘑菇会提着篮子。）

家长：看，他们采蘑菇的时候谁来了？

宝宝：大灰狼！

家长：大灰狼要来吃它们对不对？那它们最后打败大灰狼了吗？

宝宝：打败了，把大灰狼打跑了。（一边说，一边欢呼。）

父母：小动物们真棒啊，你也要向它们学习哦！

故事就这么讲完了。可能大人会觉得没什么不好，孩子能听懂，甚至会看图复述故事，这已经很了不起了。但是整个故事都是在大人的理解下，灌输给孩子的，虽然也有提问，但这些问题大多是让孩子顺着大人的思路，而不是自己去发现和探索。

不要忘了，小家伙还没长大呢，他很容易跟着成人的引导去理解眼前的事物。"宝宝，你看这幅图上有几个小动物啊？"这个问题会让孩子直接把思路局限在小动物身上，除了去数小动物不会再注意别的内容，而这也是大人要的结果。如果把问题换成"宝宝，你看这幅图上都有什么"，您想小迪会怎么回答？除了小动物之外，他还会说出房子、小草、大树、河流、小鱼等连大人都没注意到的细节。这是为什么呢？他在观察，在思考，而不是局限于去数大人问的有几个小动物。

"小动物提着篮子是要干什么去呀？"直接告诉孩子小动物提着的是篮子，为什么不多问一句"小动物手里提着什么"呢？可能小家伙并不觉得那是篮子，竹筐也可以。我们的提问要引导孩子多观察和思考，而不是把问题局限化，让孩子跟着我们的思路走。

"大灰狼要吃它们对不对？那它们最后打败大灰狼了吗？"怎么知道大灰狼要吃它们？在孩子的世界里，大灰狼不一定是坏人，它可以和小动物们一起采蘑菇，也可以来给小动物们送吃的，大人用自己的理解把所有的大灰狼都定义成坏蛋，人见人打，还要拿来提问孩子，无疑就是引导孩子赞同自己的观点，说出"标准"答案，这样做其实毫无意义。

大人的本意在启发孩子阅读，不料却阻碍了小家伙探索和思考的主动性，久而久之孩子也会变得不愿意动脑筋，过于依赖成人的引导和讲述。

您可能会说，如果由着孩子自己去天马行空地想，很容易驴唇不对马嘴，完全不是这个故事了。没错，很有这个可能。但是我们培养孩子阅读的兴趣是为了什么呢？肯定不仅仅是让他熟悉几个童话故事吧？孩子们可以通过阅读，养成善于发现、主动探索的习惯，增强语言表达能力。

如果孩子回答小动物拿的是竹筐而不是篮子，那就当它是竹筐好了，不用计较字面上的正确与错误。如果孩子回答"小动物渴了，大灰狼来给它们送水果吃"，那就耐心听他讲完，只要能用完整的语言表达出完整的故事就是难得的，何必计较故事原来的内容呢？要知道，复述故事容易，创编故事难！

我的分析可能不是很全面，相信您会通过各种渠道学习专业的引导技巧，做小迪的引导者，而不是灌输者。加油！

会耐心引导孩子们探索世界的小刘老师

第 50 封信

晚睡习惯必须改

浩浩妈妈：

您好。

浩浩昨晚又玩《植物大战僵尸》了吧？听他爸爸说他每天都会玩到很晚才睡觉。不得不承认，现在的孩子从小就能接触到各种电子产品，电脑玩得一个比一个好。

《植物大战僵尸》我的孩子也很喜欢玩，并且玩得比我们都熟练。但晚上不睡觉，痴迷游戏就不好了。我知道您一直很为这件事发愁，不让浩浩玩他就大声哭闹，让他玩吧，最早都要晚上11 点多才肯睡。

最近浩浩又感冒了，在幼儿园远远不如以前精神。早晨您送他来的时候，我看他的眼睛都是闭着的，想必也是晚上没睡好吧？看您每天在药品登记簿上写得密密麻麻，我实在是有些担心，趁这个机会跟您详细聊一聊浩浩的睡眠和健康问题。

首先，孩子绝不是一出生就会玩游戏的，如果没人做"榜样"，他们不可能知道有种游戏叫《植物大战僵尸》。您可以回想一下，是您还是浩浩爸爸平时有玩游戏的习惯，才让浩浩受了影响，觉得半夜玩游戏是正常的，久而久之，影响了睡眠。

其次，每晚玩游戏到深夜，天亮又要早起上幼儿园，孩子的睡眠必然不足。充足的睡眠是孩子身体发育的先决条件，像浩浩现在这样，是很影响孩子发育的。

小家伙睡眠不足，闭着眼睛被妈妈抱到幼儿园，老师又不喜欢他懒懒散散的没精神，孩子就很容易情绪不好，不愿参加集体活动。

最后，我们在怀孕的时候都知道防辐射，了解电脑辐射对胎儿的种种危害，为什么孩子出生以后就忽略了这一点呢？孩子过早、长时间接触电子产品可能有以下危害：

1. 过早接触电子产品会影响孩子的记忆力。孩子在操作过程中，即便是学习软件，也会把注意力集中在操作上，真正需要记住的内容反而成了次关注的。另外，在操作过程中，孩子容易被各种按钮所吸引，强烈的好奇心会使得他们注意力不集中，一会儿点一下这里，一会儿碰一下那里，不能集中精力，自然不会有好的记忆力。

2. 长时间盯着电子产品会严重影响视力。现在越来越多的小朋友戴上了厚厚的眼镜，这是我们所不愿看到的。希望家长在开始引导孩子接触电子产品时，教会他们正确的坐姿，控制好每次操作的时间，可以在屏幕附近安装护目灯，防止孩子因长时间盯着闪烁的屏幕而影响视力。

3. 沉迷电子产品的孩子容易不爱与人交往，不喜欢户外活动，不爱和同伴玩耍，似乎只有电子产品里才有奇妙的世界，认为现实生活的一切都是枯燥、没意思的。

长时间玩电子产品的危害远不只以上这些，眼下浩浩的问题还仅仅是睡眠不足，如果不提前防范，很有可能上面的问题都会接连出现。小孩子睡眠质量不佳是一个不容忽视的问题。

我给您提两条建议，如果能坚持下去，相信浩浩的体质和精神都会好起来。

1. 晚上9点之前洗漱睡觉，包括您和孩子爸爸。如果有工作需要加班，也先把孩子哄睡了再起来奋斗，让浩浩养成按时睡觉、按时起床的好习惯。

2. 玩游戏的时间一定要控制，给孩子规定好每天只能玩多久，过了晚上9点，任凭孩子怎么哭闹也绝对不能玩了。具体时间和浩浩商量好。

3. 睡觉前关灯，可以给小家伙讲睡前故事。讲故事的目的除了哄浩浩睡觉，更重要的是培养他对听故事的兴趣，慢慢爱听故事多过爱玩游戏。

4. 常带浩浩到户外活动，接触其他小朋友。到大自然中去感受世界的奇妙，在与人交往中体验游戏的乐趣，减少对网络的迷恋。

别担心，坚持下去，一定会有改变的。希望浩浩早日康复。加油！

希望浩浩按时作息的小刘老师

第 51 封信

鼓励孩子做家务

潇潇妈妈：

您好。

深夜看了您的邮件，您在信中"投诉"的事情让我很吃惊，我也想跟您好好聊聊。昨天下午小朋友都被接走了，只留下潇潇在活动室打扫卫生，您看见了心里很不是滋味，在邮件里，您说送潇潇来幼儿园，不是来干活儿的。

我完全可以理解您的顾虑，现在的孩子多是独生，没怎么吃过苦，加上生活条件越来越好，确实也没什么活儿需要孩子干。但是潇潇妈妈，很多时候孩子是很乐意帮助大人做家务的，只不过有的家长通常会因为"不舍得"而拒绝他们的热心。您知道吗？这在孩子看来不是宠爱，而是不信任。久而久之，孩子还容易养成依赖的心理，认为大人理所当然该为自己打理好一切，这时再苦恼孩子的懒惰、不懂得帮大人分担，往往为时已晚。

留潇潇一个人在幼儿园打扫卫生，并不是老师故意惩罚她。首先是潇潇自己愿意帮老师分担一部分劳动的，您别急着反驳，我知道潇潇在家里从来没干过活儿，您也绝不相信她会擦桌子和扫地。萧潇的原话是这样的："小刘老师，我可以帮您擦桌子吗？我会擦桌子的，但是妈妈从来不让我擦。"她反复强调自己会擦桌子，似乎怕我不相信。我问她："妈妈为什么不让你擦桌子呢？"她想了想，眼睛盯着粉红色的擦桌布说："妈妈说……我还小呢，会弄脏衣服……可是我真的会擦桌子了。"

我没理由不满足潇潇的愿望，她觉得擦桌子像给桌子洗脸一样好玩。在孩子的世界里，世间万物都是有生命的，白天小朋友把桌子的脸弄花了，晚上要帮它洗洗脸才能睡觉，多天真的想法啊，您说老师能拒绝吗？

最重要的是，孩子在劳动中不断探索发现、认识社会、积累知识，同时强身健体、培养吃苦耐劳的精神。她会懂得，只有依靠自己的双手，才能创造美好的未来！

我想看了上面这些，您的态度一定会有所改变。从今天开始，调整思路重新看待潇潇做家务的事情吧。

首先，要充分信任您的孩子。时刻提醒自己过度的保护会扼杀孩子的热情和积极性。如果潇潇要帮您干点什么，非常爽快地答应吧，衣服脏了不要紧，洗洗就好。或者给她换件旧衣服，然后开开心心地陪您的女儿一起来个"亲子劳动节"，相信她会很开心的。

其次，给孩子安排任务要"量力而行"。潇潇年纪小，动作技巧和耐力都不及成人，妈妈一定要安排适度，不要让她因为太累或太难而对劳动失去了兴趣。对于第一次接触的任务，别怕麻烦，认真做几遍示范，并用孩子能听懂的语言进行讲解，手把手教会了，再放手让她自己做，最后别忘了表扬她哦！

说到表扬，我必须啰唆几句，孩子的能力有限，很多时候不仅帮不上忙，反而会添不少乱。这时候妈妈一定不能心急，要保持耐心，珍惜孩子的付出，时刻以表扬和鼓励为主。发现孩子细微的进步时，一句"干得不错""真是劳动小能手""这次做得更好了"，胜过千金。对潇潇来说，这些足以激发她内心的荣誉感。

您可能想问，如果她确实做得很糟呢？没关系，不表扬不代表要批评，耐心点儿，给她足够的鼓励，告诉她只要认真学，慢慢练习，就一定会做到。要相信妈妈的鼓励是孩子最大的力量源泉。

最后，让孩子做家务要注意增添乐趣。潇潇现在喜欢擦桌子是因为觉得好玩，时间久了会觉得擦桌子枯燥无味，很可能就不再感兴趣了。举例来说，洗袜子可以说成"变魔术"，看谁能把黑黑的袜子变干净；扫地是给地板叔叔"刮胡子"；收玩具则是"玩具宝宝躲猫猫"。这很考验妈妈的想象力，或者您可以和潇潇一起讨论，把每一次劳动都变成有趣的游戏，您会发现，不仅孩子越来越爱劳动了，还可以增进亲子关系，让家庭充满欢乐！

在幼儿园，老师仍然会鼓励小朋友们做力所能及的事，因为劳动也是学习的一部分，千万不要只注重知识的学习，不注重孩子体能和性格的发展。孩子的教育需要家庭和幼儿园合作，我相信您会理解并及时转变态度的。加油，潇潇妈妈！

希望孩子热爱劳动的小刘老师

第 52 封信

如何让孩子养成勤俭节约的好习惯

朵朵妈妈：

您好。

今天早晨朵朵扔掉了您送给她的蝴蝶结，您一定很失望吧？我知道那是您精心为她挑选的生日礼物。也许您还没注意到，朵朵经常会像这样不珍惜拥有的东西，不论是什么，不论谁送给她的，随随便便就扔掉了。

有一次幼儿园发草莓，朵朵每颗只咬一小口就扔进了垃圾桶。我对她说："朵朵，这几颗草莓是老师和妈妈辛辛苦苦上班才买来的，你不应该这么浪费哦。"朵朵不在意地看着我说："破草莓，一点都不好吃。""你觉得不好吃，别的小朋友都很喜欢啊，扔了别人都不能吃了。""哎呀好吧，明天让我妈妈给小朋友多买几个好了！"

还有一次朵朵奶奶特意来幼儿园，托老师转给朵朵一个芭比娃娃，您一定听说了吧？那个芭比娃娃是朵朵爷爷从国外带回来的，价值不菲。我像变魔术一样将芭比娃娃变到朵朵面前，本想给她一个惊喜，谁知道惊喜的只是其他小朋友，大家都挤着想要看看，最好能摸一摸这个精美的玩具。唯独朵朵无动于衷，看都不看一眼，顺手就扔在了桌子上："你们喜欢就拿去玩，我才不喜欢蓝颜色的裙子！"

自古以来，勤俭节约都是中华民族的传统美德，现在的孩子们好像越来越缺少这种美德了。像朵朵这样不珍惜拥有的东西，不在乎爸爸、妈妈的劳动成果和爱心，甚至不知道任何东西都来之不易的孩子，变得很常见。只因现在的孩子一出生就有不错的经济基础，爸爸、妈妈太希望给孩子最好的，以至于让孩子得到得太容易。无论想要什么，爸爸妈妈都会买，孩子怎么会懂得珍惜呢？

另外，爸爸妈妈也要小心"商场里的陷阱"。有没有过这样的情况，在商场里，孩子非常想要某个玩具，而她已经有很多类似的东西了，理智告诉您没有必要买重复的玩具，更没必要惯着孩子，可孩子的大哭大闹又让您不得不买？如果买了，您可就掉进小家伙的"陷阱"了！

不要小瞧孩子们的智商，他们的小脑瓜里绝对有数不尽的"馊主意"。如果您在无奈之下被迫买了一次，她就完全能够总结出对付您的"撒手锏"。以后只要看见想要的东西家长不肯买，便会故意在商场哭闹，相信很多父母都有类似的经历。

前天的家长会上，有位爸爸提出："平时工作特别忙，总觉得亏欠孩子很多。"确实很多家长都有类似的亏欠感，迫于生活的压力，必须牺牲陪孩子的时间去工作。这样一来，我们就不得不找个方式弥补这种亏欠——买玩具、买衣服、买零食，尽可能满足孩子的一切愿望。似乎给孩子买得越多，心里才越踏实，孩子才能越快乐。

我很理解这样的做法，但并不支持。相信您也明白，父母对孩子的爱，不是任何物质能替代的，用物质作为"弥补"，最终的后果只会让他们养成奢侈浪费的坏习惯。

朵朵需要怎样的帮助呢？

1. 爸爸妈妈以身作则，给朵朵树立好榜样。不要在孩子面前讨论奢侈浪费或虚荣攀比的话题，可以跟别人比知识、比事业，不要比吃穿、比名牌，避免孩子耳濡目染，慢慢觉得奢侈浪费是理所当然的。

2. 告诉朵朵勤俭节约是中华民族的传统美德，钱不是树上长出来的，要珍惜爸爸、妈妈的劳动成果。当朵朵明白每一个玩具都是爸爸、妈妈对她深深的爱时，相信她会很愿意珍惜这份爱的。

3. 让朵朵知道钱是什么，钱是怎么来的，同时培养理财的观念，鼓励孩子主动储蓄，在储蓄的过程中感受金钱的来之不易。

4. 只买该买的，选对时间去买，这很重要。该买的东西要买，其他非必要的东西不要孩子一开口提要求就答应。道理很简单：越是得不到的东西就会越珍惜。不妨先吊一下孩子的胃口，让孩子认识到来之不易，这样孩子就不会随随便便扔到一边了。

说了这么多，最重要的还是爸爸、妈妈要有正确的认识。千万别认为尽量满足孩子的物质需求，她的童年就会快乐。真正的好父母会培养孩子一身的优秀品质和良好的习惯，您一定也是这样的，对吗？

希望孩子养成好习惯的小刘老师

第 53 封信

在游戏中培养孩子的想象力

佳欣妈妈：

您好。

上周幼儿园给孩子们布置了童话故事续编的小任务，让您感到很伤脑筋。

我想您是清楚的，在佳欣看来，白雪公主吃的必须是毒苹果，灰姑娘的鞋子必须是水晶做的，丑小鸭变成白天鹅之后不会再发生任何事。可这些故事在别的小朋友嘴里，会出现各种不一样的情节。小贾觉得白雪公主太可怜了，所以毒苹果被七个小矮人给调换了；晨晨希望灰姑娘的鞋子是巧克力做的；洋洋想象丑小鸭变成白天鹅以后，去了很多地方，遇到很多羡慕它的小鸭子。

幼儿期是孩子想象力最丰富的时期，他们会看到小动物在笑，花花草草在跳舞，大灰狼背着小白兔过河，长颈鹿的脖子能长到天上。父母如果教育方式不恰当，就极有可能会扼杀孩子的想象力。比如，孩子看到一个圆形的红色图案，也许会想象成饼干、皮球或者是别的任何东西，而父母却告诉他："瞎说什么呀，那是太阳，没看见红红的圆圆的吗？"正是这种不经意间的言行，会让孩子再次看到红色的圆形时丧失想象的能力，因为爸爸妈妈说了那只是太阳。

说这些是希望您能重视培养孩子的想象力。当今社会需要的是创新型人才，而创新的基础就是丰富的想象力。

您一定想知道，怎样才能让佳欣重新拥有无穷的想象力吧？要相信，游戏是具有超强魔力的，丰富有趣的游戏可以激发出孩子惊人的想象力，先陪孩子尽情地玩一玩吧！

过家家

过家家是个再平常不过的游戏，无需刻意引导，小家伙天生就喜欢。但需要提醒的是，很多父母在陪孩子玩的时候，容易自己首先当上了导演，告诉孩子："你当老板，妈妈当顾客，到你这儿买东西。"甚至买什么东西都是说好的，也不问孩子想卖什么。这种玩法是没效果的。

孩子的游戏让孩子做主，这样才能让孩子充分发挥想象力，从而创造性地反映现实生活。比如，小家伙扮演妈妈，他就会回忆生活经验，通过自己的想象创造情节。娃娃病了，他要送娃娃去医院，思考医院在哪儿、坐什么车去、宝宝打针哭了他要怎么哄，等等。别怀疑小家伙的想象力，只要父母不干涉，他就能源源不断地编出情节，这个过程既填充了他的空闲时间，对想象力的培养更是非常有益的。

童话剧表演

相信每个孩子的家里都有一大堆童话故事书，通过故事开发想象力的方法很多，其中我最想推荐的就是童话剧表演。

熟悉一则故事的情节、人物关系后，您和佳欣爸爸可以陪佳欣表演童话剧。在表演过程中，人物角色的分配、台词、语调、动作，都需要孩子在对故事有自己的理解后，自由发挥想象，最后完整地呈现出来。

记住，要以孩子为主，即便演错了，也不需要纠正，相反，那正是小家伙发挥想象力的表现。您只需要配合，适当地增加对白，引导他进一步想象。

您一定会惊讶地发现，孩子的创造力是无穷的，一则短短的故事，会被他们扩充得极为丰富。这不仅开发了孩子的想象力，也让他在表演的过程中增强了自信心。

我猜你画

没错，这个游戏是画画，但不是让佳欣画。而是父母负责画简单的图案，让佳欣来猜。比如，您画一个正方形（只需画完就可以了，不要做任何提示），让佳欣来猜。这时候佳欣会猜您画的是什么，面包、豆腐、高楼、桌子、帽子，很多哪怕不是正方形的东西都有可能被小家伙联想到。您要做的是肯定他丰富的想象力，问他为什么猜出这个答案，而不是纠正。

如果告诉孩子"这其实是个正方形"，那就失去意义了。

如果佳欣非要自己画，让爸爸妈妈猜呢？没关系，交换角色也无妨，孩子在画的时候一定心里有一个或几个标准答案。比如，佳欣画了一条直线，妈妈假装很认真地思考，然后猜那是一支铅笔。这时候佳欣一定乐得跳起来："妈妈输喽！我画的是一棵大树哦!"接下来他会很耐心地跟你讲，哪里是树根，哪里是树干，哪里是树枝。哪怕一点都不像，您也要热情地表扬他一下，他会更乐于玩这个游戏的。

激发想象力的游戏有很多，多变换不同的玩法，帮佳欣插上想象的翅膀吧。加油！

认为培养孩子想象力最重要的小刘老师

第 54 封信

用游戏帮孩子培养好习惯

小宝妈妈：

　　您好。

　　在您的眼里，小宝并不是个懂事的孩子。您经常抱怨他爱哭、不坚强、遇到困难就退缩、自私、不爱分享，甚至不喜欢和别的小朋友玩。我想很多父母都和您一样，有过类似的烦恼吧。

　　播下行为，收获习惯；播下习惯呢，收获性格。哪个家长不希望自己的宝贝养成良好的行为习惯呢？可孩子不比大人，他听不懂甚至不愿意听我们讲条条框框的道理，即使听了也往往是左耳朵听右耳朵冒，起不到作用，还会让他们越来越排斥，这是因为方法不对头。

　　您是不是想问，到底用什么方法才能让小宝听您的话，改掉那些不好的习惯呢？想让孩子坚强，就得让他明白懦弱只会让事情越来越糟，要做顶天立地的小男子汉；想让孩子大方、爱分享，就得让他感觉到太自私会不受欢迎。而这些是没办法用简单的语言灌输给孩子的，说了他也体会不到，相信这一点您早就深有感触了。

如果父母经常陪孩子玩角色置换游戏，让他学会换位思考，你就会发现，游戏比讲道理管用多了。

孩子的认知水平低，自控能力差，行为习惯的养成得以玩游戏为主，在游戏中快乐、自主地学习，进而潜移默化地形成良好的行为习惯。只要父母能多花点时间，有目的地陪孩子玩玩游戏，事情就会变得简单，比如下面几个游戏就很不错。

原来大家都会疼

坚强的品质，对孩子来说，并不是与生俱来的。我们就以打针为例，如何培养小宝不怕疼、不哭鼻子的好习惯呢？

首先我们可以准备过家家的各种道具，把游戏区域简单布置成医院的样子，让小宝当医生，负责给爸爸、妈妈打针。

妈妈到医院的时候，要装作很怕的样子，问"医生"："打针疼不疼啊？我害怕。"小宝一定会学着大人的样子安慰说："别怕，不疼，一会儿就打完了。"这时候妈妈的角色很重要，您尽量假装很疼，很害怕，嘴里喊着："我不打针了，我要回家。"就像小宝平时一样。

这个游戏能让小宝明白，不是只有他自己打针会怕疼，妈妈也会怕疼，怕疼是很正常的一件事。同时游戏还提供了环境，让他变换角色，给病人找更多不哭的理由。最后妈妈果然就不哭了，坚强地打完了针。

游戏结束后全家人一起总结：虽然打针很疼，但是每个人生病了都要打针，别人不怕疼，我也不怕，做个小小男子汉！

提到男子汉，我举一个身边的例子。我小学同学的宝宝今年三岁，刚上幼儿园，每次打针或摔跤时，我同学都会告诉他："没关系，你是小小男子汉！"有一天，我同学在卫生间的时候，宝宝顽皮地把灯关了。于是她就大喊："宝宝，快把灯打开，妈妈害怕！"谁知道小家伙不慌不忙地安慰道："没关系，你是大大男子汉！"

起初我听了这件事只觉得宝宝太可爱了。细想一下，正是因为"小小男子汉"的教育在宝宝心里扎了根，他才会在听到妈妈害怕时淡定地安慰妈妈吧。

你要扮演谁？

选一则适合的小故事（最好根据情况自编），故事中两个小动物分别有不同的生活习惯，比如，小白兔特别爱帮助别人，愿意把自己的玩具分享给其他小动物，大家都很喜欢它，而小灰兔总是抱着自己的玩具躲在角落里，根本不让别人碰，也不和小动物们一起玩，生怕别人弄坏了它的东西。

妈妈要讲得夸张，到小白兔的时候语气舒缓、声音甜美，适当地加动作，拍手叫好，让小宝感觉自己也是其中的一员，充分感受小伙伴在一起的欢乐气氛。接着讲到小灰兔，语气可以变得低沉、愤怒、不友好，一提到它就没有好心情，以形成鲜明的对比。

故事讲完，可以召集全家一起陪小宝做游戏，让小宝扮演其中一只兔子，大家分别扮演其他小动物。您猜小宝会选择扮演谁？肯定是小白兔吧？妈妈一定别忘了问他："你为什么扮演小白兔，而不扮演小灰兔呢？"也许小宝并不能用流利的语言表达出来，但他肯定体会到与人分享的好处了。妈妈也可以适当争抢一下小白兔的角色，观察小宝的反应，在争抢过程中，他会在两种角色两种习惯之间反复对比，进一步确定自己要当友好的小白兔。

目的达到！

类似这样的游戏有很多，以后具体到哪件事需要讨论，您还可以发邮件给我，老师们会提供最适合的小游戏，帮助小宝养成良好的生活习惯。加油，小宝妈妈！

相信小宝会养成好习惯的小刘老师

第 55 封信

孩子玩电脑的对与错

航航妈妈：

您好。

您已经连续一个星期因为航航的问题上班迟到了，一定很苦恼吧？今天又是做完早操航航才出现在幼儿园门外，他半眯着眼睛，似乎很不情愿的样子。您也忍着满腔怒火，边走边打电话，听得出来，您确实赶时间，简单抱怨了几句之后您就匆匆离开了。

航航的爸爸常年在外，家里就只有您和航航两个人。您一边照顾孩子，一边工作赚钱，不得不承认您是一位很能干的妈妈。可最近航航每天晚上都要玩电脑，晚上 11 点之前绝不睡觉，早上 9 点之前也绝不起床，为此您耽误了上班时间。您希望我能帮忙劝劝航航，让他晚上别玩电脑了，您说相比之下航航更听老师的话。

没错，也许老师真能解决您目前的烦恼，但是不让孩子接触电脑就是最好的解决办法吗？您有没有想过，玩电脑对孩子虽然有弊，但也有利。

班里和航航一样热衷于玩电脑的还有几位小朋友，在这个信息技术飞速发展的时代，电脑网络已经逐渐渗透到每家每户，越来越多的孩子从出生就开始接触电子产品。

那为什么别的小朋友虽然玩了电脑，但也能按时睡觉，按时上幼儿园，而航航却总要玩到很晚导致第二天迟到呢？

主要原因是这部分仍然坚持早睡早起的孩子用电脑玩的不是游戏，而是一些语言类、音乐类、绘画类、智力开发等的学习软件。

我们班的扬扬小朋友每天晚饭后，都会在妈妈的陪伴下看半小时语言类软件，这种软件是专为小朋友设计的，里面有很多优美有趣的儿歌，还配有颜色鲜艳、可爱、幽默的动画，扬扬特别喜欢。加上语言软件可以选择跟读的模式，扬扬的表达能力明显强于其他小朋友，她不仅咬字清晰，还会唱很多儿歌，认识不少汉字。很显然扬扬这种方式是可取的，并且应当鼓励。所以，摆在您面前的问题不是制止航航玩电脑，而是教会他如何正确使用电脑。看完下面的建议，相信您一定会长舒一口气的。

1. 航航使用电脑的时间太长。妈妈可以和他约定好，晚饭后只能玩半小时，因为电脑需要休息，航航也需要休息。这半小时之内，您把时间绝对交给孩子，不要催，让他看到妈妈是遵守约定的，这样他也更容易遵守跟您的约定。

2. 虽然这半小时是属于航航的，但也不能任由他随便浏览。网络上很多东西不适合儿童，需要提前做工作避免小家伙浏览不适合他的信息。比如可以关闭网络，给他玩单机游戏或下载有益的儿童软件。

3. 长时间对着电脑会影响视力。在航航玩电脑之前，一定要跟他强调正确的坐姿、眼睛和屏幕保持合理的距离。开始可以设立奖罚制度，坐姿端正奖励多玩 10 分钟，歪歪扭扭或离电脑太近，则罚少玩 10 分钟。

4. 航航玩电脑时，妈妈最好能调整时间，陪孩子一起玩，慢慢引导他把注意力放在学习软件上，远离电脑游戏。

5. 给孩子购买学习软件要根据航航的年龄选择适合他身心发展的。最好在购买时咨询清楚，能带航航一起去买就更好了，通常他自己选择的，兴趣会更浓。

6. 别忽略了户外活动。面对电脑的时间过长会大大影响孩子的运动量，长期缺乏阳光照射孩子很容易缺钙，体质会变得越来越差。另外，缺少户外活动也不利于孩子的同伴交流，阻碍孩子社交能力和语言能力的发展。

7. 可以在电脑前摆放一盆仙人掌，这样不仅美化居家环境，还有利于吸收电脑辐射，保护孩子的身体健康。

很简单吧？只要我们能认清电脑对孩子的利与弊，想办法引导孩子正确使用电脑，让电脑发挥积极的作用，相信爱玩电脑的航航也会早睡早起，第一个到幼儿园。您相信吗？加油，航航妈妈！

相信航航可以科学用电脑的小刘老师

第 56 封信

让奖励真正起作用

溪越妈妈：

您好。

昨天没给溪越发小贴画，她一定很不高兴吧？早晨您因为溪越不上幼儿园，就抱怨老师连个小贴画都没记得发给她。其实不是没记得发，小贴画和小红花一样，本来就不是每个小朋友每天都会有的。

我很理解您的期望，没有哪个父母不希望孩子被老师表扬，获得那朵象征着荣誉的小红花。只是您不要把幼儿园的奖励看作普普通通的贴画而已，它们有着很大区别。

贴画是老师为了鼓励孩子，激发他们的上进心才选用的，不可能每个小朋友或多数小朋友都有。如果很轻易就能得到，孩子们就不会太努力争取了，就像我们小时候每个班只发三张奖状一样。

事情是这样的：昨天下午溪越参加集体游戏的时候，为了抢班里唯一的一把红色椅子，把新来的<u>丝丝</u>推倒了。当我要求她道歉时，她却理直气壮地说："这个椅子是我喜欢的，她凭什么坐？"相信您也听得出来，溪越这句霸道的话是不对的，而且她拒绝向<u>丝丝</u>道歉。我很严肃地告诉溪越，这件事做得不对，如果不承认错误就得不到小红花了。溪越不以为意，眼睛里全是那把红色的椅子。

所以放学之前，我们作为老师必须兑现承诺，不发给她任何奖励。她需要明白自己做得不对，并接受惩罚。对于小班来说，老师不要求每个孩子从不犯错，但也必须鼓励每个小家伙都知错能改、积极上进。您是希望让溪越轻易得到几张贴画而表现平平，还是愿意看她为了难得的奖励努力进取呢？我想一定是后者。

还有一次午睡时，硕硕起床穿错了鞋子（她穿的是和溪越一模一样的粉色凉鞋），溪越看到了非常生气，经过老师的调解才勉强结束了"粉色凉鞋之战"。

可是下午的阅读时间，溪越还是撕坏了硕硕带来的图书。类似这样明知故犯的错误，老师一定会有相应惩罚。于是那天她没有得到小贴画，而硕硕因为宽容赢得了奖励。

试想一下，如果犯了错误之后，老师不但没有惩罚溪越，反而例行公事，奖励给每位小朋友一张贴画，溪越会不会觉得犯错误没关系，甚至意识不到自己犯了错误呢？老师和父母都不是只为了哄孩子开心的，我们的职责是教育，而不只是看护。

溪越有个好朋友叫诗诗，前段时间"亲子手工展"的时候她生病没来幼儿园，因此错过了手工组发给参展家庭的小奖品。

毫无疑问，发奖品那天只有她自己没领到。放学后诗诗很不开心，诗诗的爸爸、妈妈是这样处理的：他们简单问了缘由之后，不仅没有要求老师破例发给诗诗，还对诗诗说："那个奖品是发给做手工的小朋友的，诗诗的手工也非常棒，对不对？妈妈陪你做，明天小刘老师一定发给你，好吗？"

于是第二天早晨，诗诗早早地来到幼儿园。我接过她和妈妈熬夜做的小汽车，虽然手工展已经结束了，但我还是奖励了她，并且把她的作品展示在了手工区最显眼的地方。从那以后，诗诗和妈妈都特别配合老师，积极参加活动，努力争取，得到了很多奖品和贴画。

虽然小贴画随处可见，却不是十块钱买一堆就都有意义的。妈妈要积极地引导孩子，让她内心充满希望，通过自己的努力去获得荣誉；而不是看到别人都有，就替孩子打抱不平。像诗诗妈妈那样，引导孩子正确看待老师的奖励，并通过努力获得，才是正确的做法。

建议您多鼓励溪越积极争取，同时和老师多沟通。我们一定会看到她所有的进步，并及时发小贴画给她。

往后的日子，溪越仍然有可能偶尔得不到奖励，请您一定不要当面抱怨或顺路买一张给她，这样得到得太容易，也就没有任何教育意义了。

奖罚分明的小刘老师

第 57 封信

孩子脾气暴躁非一朝一夕

珊珊妈妈：

您好。

如果没记错的话，珊珊入园已经 8 个月了，但是我们似乎从未谋面。很早就知道您的事业做得非常出色，是位不折不扣的女强人，也正因如此，珊珊从报名第一天起，就由爷爷、奶奶接送。但是您知道吗？经过几个月的沟通和观察，我发现珊珊的爷爷、奶奶对家庭教育懂得并不多，也不太能接受老师们的建议，以至于您的女儿珊珊脾气越来越暴躁，很多小朋友都不喜欢和她玩。我想，作为妈妈您一定不愿看到这样任性、暴躁、缺少朋友的珊珊吧？

很多年轻父母都处在事业的上升期，这我了解，似乎把孩子交给老人带是权衡之后最合适的做法。老人有足够的时间和耐心，育儿经验丰富，最重要的是年轻父母可以全身心投入到事业中去，这是个一举多得的"好办法"。但是不要忘了，老人是很容易溺爱孩子的，对孩子能宠则宠，不能宠的时候创造条件也要宠。这样的结果就是珊珊变得越来越任性，很容易发脾气，一点不顺着她就会大喊大叫，甚至哭闹不休。

集体活动中，珊珊必须做"老大"指挥别人，而且不允许任何小朋友不服从她的指挥。有时候老师开玩笑说她很霸气，其实她的唯我独尊大多来自家庭环境的影响。

首先，我发现珊珊的奶奶脾气不怎么好，是个典型的急性子。有一次在幼儿园门口，爷爷给珊珊穿了外套，奶奶觉得天气还有些热不应该穿，于是一把抓住珊珊的袖子就把外套扯了下来，一边装进袋子，一边冲爷爷大喊："这么热的天，你给孩子穿什么外套呀？待会儿出汗感冒了，我看你怎么向她妈妈交代！"当时我站在班门口，他们在前院的滑梯旁边，我能一清二楚地听到对话全过程，您想象一下奶奶的声音有多大吧。

还有一次，奶奶送珊珊到幼儿园之后，发现忘记带手帕了，于是打电话给爷爷，想让爷爷马上送过来。虽然听不到电话那头的爷爷说了什么，但从奶奶的语气中看出，一定没有顺着奶奶的意愿。

"你在家闲着又没事，给孩子送条手帕怎么了？能累死啊？"

"我回去拿？珊珊是我一个人的孙女是吧？"

"嘱咐多少遍了都记不住，每次装东西不是少这个就是少那个，你怎么当爷爷的？"

"行了，以后我自己带珊珊，不用你了！"

小朋友都被奶奶的大嗓门吓坏了，没有一个敢大声说话。

长期受影响，珊珊的嗓门也越来越大了。就拿昨天的事情来说，幼儿园组织小型外出表演，珊珊一心想演童话剧里的小猴子，可是小猴子已经定了让童童演了。试服装的时候，她牢牢地抓住那件衣服说什么也不让童童穿，童童是个柔弱的小男孩，胆子小，又不敢告诉老师。后来其他小朋友都看不惯珊珊欺负人，纷纷过去帮忙说："小猴子本来就是童童演的，你快点还给他！""再不还给童童，我们就告诉老师！"珊珊急了，双手叉腰，扬着头大声喊叫："我要演小猴子，谁都不能穿这件衣服！"那架势，很有奶奶的范儿。

另外，爸爸妈妈陪孩子少，即便爷爷、奶奶给她再多的呵护，也无法弥补父母的缺位对她的内心造成的阴影。这样的孩子大多没有安全感，自我保护意识很强，很容易变得任性、自私、乱发脾气。相反，爸爸、妈妈经常陪在孩子身边，小家伙有足够的安全感，会很容易敞开心扉友好地接纳别人，用温和的方式处理问题。千万不要小看父母的陪伴，对孩子的心灵成长影响很大。

不管是拼搏事业还是做全职妈妈，说到底都是为了孩子好。但孩子的身心健康与物质生活条件优越相比，哪个更重要呢？要明白孩子想要的并不是花不完的钱，他们只想和爸爸妈妈幸福地在一起，感受父母对自己的爱。被爱包围的孩子，性格是温和的。

您现在一定很关心珊珊暴躁的小脾气该如何改变吧？家庭教

育中妈妈是最重要的角色，只要您愿意尝试，相信以下几个小方法会助您一臂之力，找回那个温和友善的珊珊。

1. 您跟爸爸再忙也要抽出时间陪孩子，让她充分感受到爸爸、妈妈的爱。（如果实在很忙，哪怕每天陪她一小时，也是不错的。）

2. 有目的地陪孩子玩游戏。比如，玩"做客"的游戏，妈妈到珊珊家里做客，引导珊珊使用礼貌用语。再如，玩"购物"的游戏，让珊珊到妈妈那里买玩具，规则是不卖给声音大、态度不好的小朋友，等等。

3. 遇到珊珊闹脾气在家里大喊大叫的时候，要问清楚原因，如果真是珊珊无理取闹，一定制止爷爷、奶奶的溺爱，不要一看孩子哭就妥协。适当地冷处理，让她知道只有好好说话大人才会跟她沟通。同样，爸爸妈妈也不要溺爱孩子。

4. 多与老师们沟通，了解珊珊在幼儿园各方面的表现，而不是只通过爷爷、奶奶的转述。老人转述的信息可能会不全面，如果再好的汇报，坏的回避，您永远了解不到珊珊的成长究竟怎样。

最后，别忘了及时表扬珊珊哦！有任何问题欢迎随时沟通，老师们和您一样，期待珊珊的每一次进步。加油，珊珊妈妈！

相信珊珊很友好的小刘老师

第 58 封信

说了"对不起"就一定"没关系"吗?

卓卓妈妈:

　　您好。

　　最近卓卓的注意力更集中了,上课不再东跑西跑,有时候还主动举手回答问题,这非常值得高兴,而我今天想聊的是另外一件事。

　　卓卓的进步不仅表现在遵守活动秩序上,"欺负人"的本领也是突飞猛进。就拿昨天下午来说吧,绘画课上,杨一正在专心地涂着心爱的花裙子,这时卓卓偷偷挪过去,趁杨一不注意用黑色蜡笔在花裙子上狠狠画了两下,裙子"花"了,杨一坐在那里委屈地哭起来,眼泪滴在画纸上,晕开一大片。

　　当我询问情况的时候,卓卓歪着小脑袋委屈地回答:"我已经道过歉了呀。"我想小朋友之间难免会有摩擦,卓卓承认错误并向杨一道歉就可以了。于是我拉着杨一沾满眼泪的小手说："卓卓知道错了，他已经向你道歉了是不是？老师给你时间，重新再画一幅，这次的事原谅他吧，好吗？"杨一不情愿地回到座位上，一边抽泣一边重新画起来。

可能您会说，这种情况在幼儿园里应该是常见的，很难避免。没错，小朋友在一起难免磕磕碰碰，这都不算大问题，反而适度的冲突更有利于小朋友学会与人交往和沟通，但是卓卓的情况远不只这样。还有一次如厕时，讲好的排队等候，卓卓却一个人走上前，左推右挤，鼓着肚子冲到最前面去了。我"接到通知"过去一看，乐乐已经被挤倒了，裤子也湿了，眼睛里含着委屈的泪水。

"乐乐怎么了？先站起来，地上湿。"我一边扶起乐乐，一边问她怎么回事。

"小刘老师，卓卓推我。"乐乐委屈地向我诉苦，眼睛斜视着卓卓。

"卓卓，是你把乐乐推倒的吗？"我略带严厉地问。

"我已经跟她说对不起了。"卓卓把小脑袋扭过去，没有一点愧疚，一脸的理直气壮。

您看，卓卓基本上每次都是故意的，但又总拿"我已经说对不起了"来回应老师的询问。您还觉得这是幼儿园里很正常的情况吗？似乎卓卓已经把"对不起"当成逃脱责任的借口了。

我们都知道，有些道歉可以原谅，有些道歉是原谅不了的。

像卓卓这样故意犯错，再用道歉来逃脱惩罚，也难怪杨一和乐乐原谅得不情愿了。您说对吗？

我们一直觉得很礼貌很正确的做法，结果却传达出这样的信息：不管犯了什么错误，只要说了"对不起"，就是应该被原谅的。久而久之，不仅卓卓自己无法正确认识自己的行为，还会给其他小伙伴带来麻烦。

如果没有真诚，"对不起"只会变成令人生厌的敷衍，不会得到别人的谅解。发现孩子把"对不起"变成推卸责任的借口时，爸爸妈妈应坚决纠正这种坏习惯。不小心犯了错误不要紧，只要真诚地道歉大家都会原谅你；而故意犯错再假装道歉的小朋友，是得不到真心原谅的。

相信您和卓卓爸爸会继续配合老师的工作，从生活中的一点一滴做起，用实际行动告诉卓卓说了"对不起"不一定"没关系"。

道歉很真诚的小刘老师

第 59 封信

隔代抚养需要注意的问题

莉莉妈妈：

您好。

莉莉到小二班已经大半年了，这次似乎是您第一次来接她放学。从第一天开始，我看都是莉莉的爷爷和奶奶交替接送莉莉，莉莉仿佛也习惯了爷爷、奶奶来接。

在幼儿园里，由老人接送的小朋友不止莉莉一个。近年来，"4+2+1"的家庭越来越多，多数孩子都是隔代抚养的。有的父母要忙事业，没时间照看孩子；有的父母外出打工，带孩子不方便；有的父母吵架闹离婚，老人不得不把孩子带走；还有的父母年纪相对小，自己本身还是个孩子，因缺乏育儿经验而把老人搬出来。这是当代社会存在的普遍现象，很多父母都认为"隔代抚养"更有优势，理由如下：

1. 老人有大把的时间，孩子病了可以随时从幼儿园接回来，家里有人照顾，冷了也有人随时送衣服。

2. 处于事业上升期的年轻父母，有老人帮忙看孩子，也能专心于事业，给孩子创造更好的生活。

3. 老人养育孩子更有经验。虽然教育观念上可能会有点过时，但生活护理上绝对强过毫无育儿经验的新手父母。

4. 孩子是老人重要的情感寄托。由老人照看孩子不仅解决了年轻父母工作忙无暇照看孩子的难题，同时也可以给老人提供内心的慰藉。"隔代抚养"是现代社会无法回避的事实。

过去的某一段时间，我也为了忙事业把孩子放在家中老人那里抚养，很赞同这一举多得的"好"办法。但"隔代抚养"真的只有利，没有弊吗？

好几次奶奶来接莉莉放学时，小家伙一看见奶奶就开始撒娇，无论其他小朋友带了什么好吃的好玩的，她都要奶奶买一样的给她，不买就大哭大闹。奶奶经常要连哄带骗才把莉莉抱出幼儿园。后来莉莉干脆执拗地坐在椅子上，非等奶奶买回来，捧在手里才肯回家。

老人通常比爸爸妈妈更容易溺爱孩子。一看孩子流眼泪了，老人就心疼得手忙脚乱。再小的孩子也知道眼泪是对付爷爷奶奶或者姥姥姥爷的"绝佳武器"，百试百灵。孩子在这种溺爱中容易变得叛逆、任性、懒惰、以自我为中心、不关心他人，以后再想改掉这些不良习惯就很难了。

另外，很多老人都认为，"胖"才是健康。看到别人家的孩子白白胖胖的，于是也想方设法给孩子多吃，完全不考虑科学的营养搭配，只要孩子胖起来就好。其实太胖对孩子的身体并没有好处，反而有可能营养过剩，影响健康。

这都是"隔代抚养"的弊端。虽然也有老人会花时间阅读书籍，学习先进的教育理念，用正确的方式教育孩子，但如果年轻父母不愿意抽出时间参与孩子的教育，这个弊端就会一直存在，影响孩子的生活习惯和性格养成，我想这不是您想看到的吧？

建议您和孩子爸爸尽量协调时间，积极参与到孩子的教育中来。0~6岁的孩子非常需要和父母建立亲密的亲子依恋关系，这会影响他们一生的安全感和幸福感。父母和孩子之间的依恋绝不是爷爷奶奶或其他人可以代替的。

当然我说这些并不是完全否认老人照看孩子的好处，两代人各有所长。老人在照顾孩子生活和耐心上肯定好过年轻父母；年轻父母在先进的教育理念和学习能力上好过老人。两代人扬长避短，互相配合，才能把孩子的教育做到最好。

这就要求年轻父母发挥优势，积极学习正确的教育方法，多和幼儿园老师沟通，全方位了解孩子的教育需求，再将学来的知识及时传授给老人，鼓励老人用同样的理念协助教育。当年轻父母工作繁忙、心情欠佳时，老人则充分发挥他们的耐心，省去爸爸妈妈不必要的烦恼，何乐而不为呢？

需要注意的一点是，两代人在教育观念上必须统一，即便发生分歧也不要在孩子面前表现出来。比如，孩子睡前要吃巧克力，爸爸妈妈认为睡前吃甜食对身体不好，而老人心疼孩子，非要给吃一小块儿。您认为孩子下次想吃巧克力时会怎样呢？再小的孩子也能看出谁向着自己，谁说了算。老人维护孩子一次，就成为他们下次撒娇的靠山了，爸爸妈妈的意见也就不再重要。

　　要让孩子知道，家里任何一个人说的话都很算数，找谁都不能通融。只要出发点是对的，就该全家人一起坚持，没有例外。

　　对谁来抚养孩子这个问题，一直都存在争议，很多家庭都没能实质性地解决这个难题。希望您和爸爸能慎重考虑，和爷爷奶奶一起参与到莉莉的教育中来，减少莉莉被溺爱的情况发生。您和爸爸多参与一点，相信她会比现在更快乐！

关心莉莉的小刘老师